essentials

essentials liefern aktuelles Wissen in konzentrierter Form. Die Essenz dessen, worauf es als „State-of-the-Art" in der gegenwärtigen Fachdiskussion oder in der Praxis ankommt. *essentials* informieren schnell, unkompliziert und verständlich

- als Einführung in ein aktuelles Thema aus Ihrem Fachgebiet
- als Einstieg in ein für Sie noch unbekanntes Themenfeld
- als Einblick, um zum Thema mitreden zu können

Die Bücher in elektronischer und gedruckter Form bringen das Expertenwissen von Springer-Fachautoren kompakt zur Darstellung. Sie sind besonders für die Nutzung als eBook auf Tablet-PCs, eBook-Readern und Smartphones geeignet. *essentials:* Wissensbausteine aus den Wirtschafts-, Sozial- und Geisteswissenschaften, aus Technik und Naturwissenschaften sowie aus Medizin, Psychologie und Gesundheitsberufen. Von renommierten Autoren aller Springer-Verlagsmarken.

Weitere Bände in der Reihe http://www.springer.com/series/13088

Stefan Wallaschek

Empirische Solidaritätsforschung

Ein Überblick

Stefan Wallaschek
Europa-Universität Flensburg
Flensburg, Deutschland

ISSN 2197-6708 ISSN 2197-6716 (electronic)
essentials
ISBN 978-3-658-32121-5 ISBN 978-3-658-32122-2 (eBook)
https://doi.org/10.1007/978-3-658-32122-2

Die Deutsche Nationalbibliothek verzeichnet diese Publikation in der Deutschen Nationalbibliografie; detaillierte bibliografische Daten sind im Internet über http://dnb.d-nb.de abrufbar.

Planung/Lektorat: Cori Antonia Mackrodt
Springer VS ist ein Imprint der eingetragenen Gesellschaft Springer Fachmedien Wiesbaden GmbH und ist ein Teil von Springer Nature.
Die Anschrift der Gesellschaft ist: Abraham-Lincoln-Str. 46, 65189 Wiesbaden, Germany

Was Sie in diesem *essential* finden können:

- Eine Einführung in die empirische Solidaritätsforschung
- Eine systematische Darstellung dreier Herangehensweisen in der Untersuchung von Solidarität nach struktur-, akteurs- und diskurs-zentrierten Ansätzen
- Die Herausarbeitung und Gegenüberstellung der Vor- und Nachteile der drei Ansätze
- Ein Ausblick auf neue Themen in einem schnell wachsenden Forschungsfeld

Vorwort

Der Beitrag greift Gedanken auf, die ich in meiner Dissertation *Mapping solidarity in Europe. Discourse networks in the Euro crisis and Europe's migration crisis* (Wallaschek 2019b) entwickelt habe. Diese wurden für den vorliegenden Text überarbeitet und erweitert. Ich danke Regina Becker, Ann-Kathrin Reinl, Franziska Ziegler sowie Patrick Kahle für hilfreiche Kommentare zu diesem Text.

Stefan Wallaschek

Inhaltsverzeichnis

1 Einleitung

Solidarität ist in aller Munde. Wir begegnen Solidarität in vielfältigen Kontexten. In Deutschland ist die Debatte um den ‚Soli', der sogenannte Solidaritätszuschlag, ein viel diskutiertes finanz- und steuerpolitisches Thema. Regelmäßig wird über dessen Sinnhaftigkeit 30 Jahre nach der Wiedervereinigung sowie die Abschaffung des Soli debattiert. Ebenso begegnet uns Solidarität im Sozialpolitikbereich, indem der Wohlfahrtsstaat als die Instanz institutionalisierter Solidarität gilt. Außerdem ist Solidarität in der Außen- und Europapolitik überaus prominent vertreten. Die NATO fußt auf der Bündnissolidarität unter seinen Mitgliedern im Fall eines Angriffs sich gegenseitig beizustehen (NATO 1949 Art. 5) und der Vertrag von Lissabon beinhaltet eine „Solidaritätsklausel" im Abschnitt „Auswärtiges Handeln der Union", Art. 222. Dieser besagt für die EU-Mitgliedstaaten dass „die Union und ihre Mitgliedstaaten […] gemeinsam im Geiste der Solidarität [handeln], wenn ein Mitgliedstaat von einem Terroranschlag, einer Naturkatastrophe oder einer vom Menschen verursachten Katastrophe betroffen ist" (Europäische Union 2009). Auch im Fall von Naturkatastrophen, bei Terroranschlägen, in der Entwicklungszusammenarbeit oder der Eurokrise spielen globale und europäische Solidarität eine wichtige Rolle. Seit 2015 zeichnet sich auch die Asyl- und Migrationsthematik durch eine vermehrte Diskussion des Solidaritätsbegriffs aus. Programmatisch formulierte 2016 der damalige UN-Generalsekretär Ban Ki-moon angesichts der anhaltenden globalen Migrationsbewegungen: „this is not a crisis of numbers; it is a crisis of solidarity" (Ban 2016). Die seit Beginn 2020 anhaltende COVID-19-Pandemie verdeutlicht einmal mehr, dass Zeiten der Unsicherheit starke Impulse des Zusammenhalts und der gegenseitigen Hilfe hervorrufen.

Die genannten Beispiele verdeutlichen, dass Solidarität auf drei Ebenen verortet werden kann: *Erstens* wird Solidarität als *Struktur* verstanden. Es ist ein

S. Wallaschek, *Empirische Solidaritätsforschung*, essentials,
https://doi.org/10.1007/978-3-658-32122-2_1

institutioneller Mechanismus, der Handlungen strukturiert und Erwartungshaltungen schafft, sich in Gefahren- oder Krisensituation gegenseitig zu unterstützen (NATO, EU, Wohlfahrtsstaat). *Zweitens* wird Solidarität als gegenseitige Hilfe in Notsituationen von *Akteuren* verstanden. Es wird einander beigestanden, um Widrigkeiten gemeinsam zu begegnen (Asyl- und Migrationskrise, Naturkatastrophen, Terroranschläge, COVID-19-Pandemie). *Drittens* wird Solidarität zum Appell im *Diskurs* an andere verstanden, um diese aufzufordern zu handeln. Solidarität wird proklamiert und eingefordert, um Krisen zu bewältigen (Euro- und Migrationskrise, Debatte um Soli, COVID-19-Pandemie). Überdies scheint es einen Zusammenhang zwischen Krisen und Solidarität zu geben, weil insbesondere dann Solidarität relevant wird, wenn eine Krise erfahren oder ausgerufen wird (Hondrich und Koch-Arzberger 1992; Koos 2019; Wallaschek 2019a). Die Dreiteilung demonstriert zudem, dass die verschiedenen Krisen nicht exklusiv einer Ebene von Solidarität zugeordnet, sondern diese aus verschiedenen Blickwinkeln analysiert werden können.

Solidarität ist also ein vielgebräuchlicher Begriff in der Öffentlichkeit, der zugleich polarisiert und umkämpft ist. Trotz oder gerade wegen seiner Unklarheit und Unschärfe ruft der Begriff Solidarität starke Aufmerksamkeit hervor. Man bleibt gegenüber der Forderung nach Solidarität nicht neutral. Was Solidarität bedeutet, und wie sie sich von Nachbarbegriffen abgrenzen lässt, ist dementsprechend stark umstritten und Teil einer breiten theoretischen Debatte. Solidarität gilt gemeinhin als noch recht junger Begriff der Ideengeschichte, weil seine politisch-gesellschaftliche Etablierung erst im 19. Jahrhundert erfolgte. Nichtsdestoweniger gibt es eine lange semantische Historie der Solidarität, der Brüderlichkeit bzw. Geschwisterlichkeit, die bis ins antike Rom zurückreicht (Bayertz 1998a; Brunkhorst 2002; Schieder 1972).

Anstatt die theoretische, ideengeschichtliche und philosophische Debatte um Solidarität aufzurollen, werde ich in diesem Überblick die empirische Seite der Solidaritätsforschung beleuchten. Dies hat zwei Gründe: Zum einen gibt es bereits Überblicksartikel die die Semantik und Geschichte von Solidarität detailliert darstellen (Bayertz 1998b; Münkler 2004; Stjernø 2009).[1]

Zum anderen fehlt der empirischen Solidaritätsforschung ein systematischer und konziser Überblick. Sie erscheint als ein Potpourri, das für Studierende kaum zu überblicken ist und selbst für Wissenschaftler*innen ist es aufgrund der ver-

[1]Es ist auch eine pragmatische Entscheidung, einen Bereich – die empirische Solidaritätsforschung – genauer abzudecken als beide Stränge der Solidaritätsforschung nur skizzenhaft zu behandeln.

schiedenen Verortungen von Solidarität schwer, den Überblick zu behalten.[2] Deshalb schlage ich vor, die Solidaritätsforschung in die Debatte um *structure* und *agency* einzubetten. Dies soll zeigen, dass die Solidaritätsforschung fest in den Sozialwissenschaften verankert ist. Diese Einbettung in den gängigen Dualismus aus Struktur- und Akteursperspektive soll dazu beitragen, das Verständnis für die Solidaritätsforschung zu erhöhen und die Verständlichkeit wie über Solidarität geforscht wird, zu verbessern. Zudem gibt es noch eine dritte Sicht in der Solidaritätsforschung und diese ist die Diskursperspektive. Anstatt Diskurse nur als sinnstiftende Strukturen oder nur als akteursgetriebene Kommunikation zu verstehen, schlage ich vor, Diskurse als dritte Perspektive auf die empirische Solidaritätsforschung zu verstehen (Wallaschek 2016, 2020b) Diese eröffnet neue Sichtweisen auf Solidarität und ist auch gegenüber der Struktur- und Akteursperspektive in der Forschungslandschaft zu Solidarität wenig etabliert. Zusammenfassend schlage ich folgende Definition für die empirische Solidaritätsforschung vor. *Die empirische Solidaritätsforschung analysiert Strukturen, Akteure und deren Einstellungen und Handlungen sowie Diskurse. Sie untersucht inwiefern diese drei Ebenen (Struktur, Akteur, Diskurs) Solidarität hervorbringen und unter welchen Umständen Strukturen, Akteure und Diskurse Solidarität beeinflussen. Demzufolge gibt es auch keine allgemeine Definition von Solidarität für die empirische Forschung, sondern je nach Forschungsinteresse und -frage werden unterschiedliche Aspekte von Solidarität herausgestellt und untersucht.*

Ich möchte festhalten, dass der vorliegende Beitrag kein Plädoyer für eine der drei Perspektiven darstellt. Die drei Perspektiven ergänzen sich und legen jeweils unterschiedliche Schwerpunkte in der Konzeption und Analyse von Solidarität. Die Darstellung und der Vergleich der jeweiligen Schwächen und Stärken sollen einen Überblick über die empirische Solidaritätsforschung geben. Der Überblickstext soll dazu beitragen, Forschende, die interessiert sind Solidarität zu untersuchen, ihr jeweiliges Forschungsinteresse, ihre Forschungsfrage und -herangehensweise anzuleiten und über das konkrete Vorgehen zu reflektieren.

Das vorliegende Buch hat deshalb drei zentrale Ziele. *Erstens* nimmt es den Begriff der Solidarität genauer in den Blick und fragt nach den zentralen Erkenntnissinteressen in der empirischen Solidaritätsforschung. Dafür wird die Unterscheidung in Struktur-, Akteurs- und Diskursperspektive vorgeschlagen und deren Charakterisierungen erörtert. *Zweitens* werden die Stärken und Schwächen

[2]Nun möchte ich nicht behaupten, dass dieser Text jegliche Literatur zu Solidarität umfasst, doch ich versuche, einen Überblick über zentrale empirische Arbeiten der letzten Jahre zu geben.

der jeweiligen Untersuchungsebene dargestellt und diskutiert. Das Ziel ist eine Sensibilisierung und Reflexion für die Konsequenzen zu schaffen, die aus der Entscheidung für eine der drei Perspektiven entsteht. Das *dritte Ziel* ist die Diskussion und Eröffnung neuer Wege für die empirische Solidaritätsforschung.

2 Struktur-, akteurs- und diskurszentrierte Ansätze in der Solidaritätsforschung

Solidarität fand lange Zeit nur wenig Beachtung in der sozialwissenschaftlichen Forschung. So stellte 1987 der amerikanische Philosoph Harry Frankfurt (1987, S. 24) fest:

> In the Sterling Memorial Library at Yale University (which houses 8.5 million volumes), there are 1159 entries in the card catalog under the subject heading ‚liberty' and 326 under ‚equality'. Under ‚fraternity', there are none. This is because the catalog refers to the social idea in question as ‚brotherliness'. Under that heading, there are four entries! Why does fraternity (or brotherliness) have so much less salience than liberty and equality? […] In any event, the fact is that there has been very little serious investigation into just what fraternity is, what it entails, or why it should be regarded as especially desirable.

Diese Aussage lässt sich heutzutage nicht mehr halten, weil die Forschung zu Solidarität massiv zugenommen hat.[1] Ziehen wir beispielsweise die Datenbank

[1]Wie schnell das Feld wächst, zeigt sich bspw. an der Anzahl an Sonderheften (Special Issues) zu Solidarität in jüngster Zeit. So haben 2019 das Journal American Behavioral Scientist ein Special Issue zu *European Solidarity at a Crossroads? Citizens' Attitudes and Political Behaviors in Europe* (Grasso und Lahusen 2019), European Societies eines zu *Crises and Solidarities in Europe* (Koos 2019), Social Inclusion zu *The European Refugee Controversy: Civil Solidarity, Cultural Imaginaries and Political Change* (Vandevoordt und Verschraegen 2019) sowie die SWS-Rundschau zu *Solidarität* (Heindl und Stüber 2019) publiziert. 2020 folgte die Zeitschrift Citizenship Studies mit *Inclusive Solidarity and Citizenship along Migratory Routes in Europe and the Americas* (Schwiertz und Schwenken 2020). Bereits 2015 publizierte die Zeitschrift für Politikwissenschaft ein Sonderheft zu *Solidarität. Politikwissenschaftliche Zugänge zu einem vielschichtigen Begriff* (Kneuer und Masala 2015). Die Anzahl an Sammelbänden ist ebenso sprunghaft angestiegen und unterstreicht die neue Aufmerksamkeit für Solidarität (u. a. Banting und

S. Wallaschek, *Empirische Solidaritätsforschung*, essentials,
https://doi.org/10.1007/978-3-658-32122-2_2

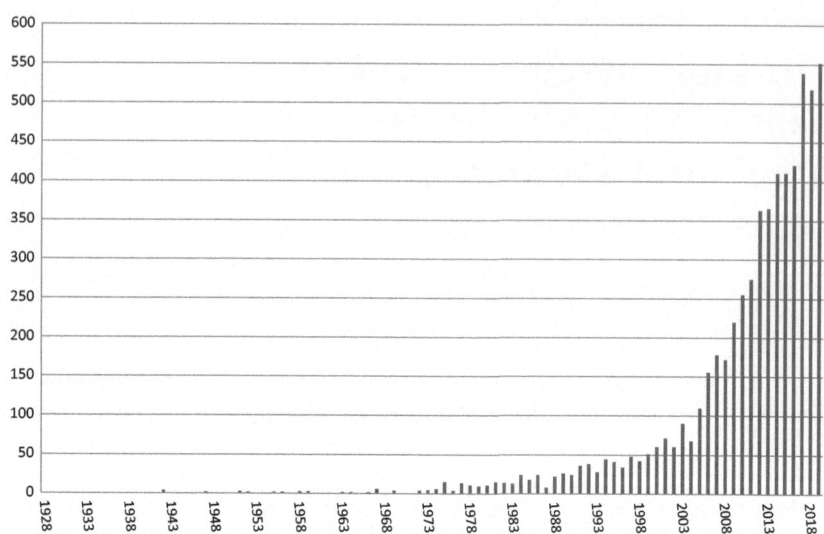

Abb. 2.1 Die Anzahl der Texte zu Solidarität, 1928–2019. (Quelle: Scopus (n = 5980))

Scopus heran, dann lässt sich mit dem Stichwort *Solidarity* nach allen Publikationen – insbesondere Zeitschriftenartikel – suchen. Die Datenbank ist nicht allumfassend und erfasst vor allem englisch-sprachiger Artikel in etablierten *peer-reviewed* Journals. Nichtsdestoweniger bildet die Anzahl an Artikeln einen Indikator dafür, ob die Forschung zu Solidarität zunimmt. Für die Abb. 2.1 wurden alle Texte, die einen Forschungsbezug haben und die als Schlagwort oder im Titel den Begriff *Solidarity* beinhalten, berücksichtigt. Dabei kommt man zwischen 1928, das erste Jahr, in dem ein Text zu Solidarität verzeichnet ist, und 2019 auf insgesamt 5980 Texte. Allein seit 2000 sind 5296 Texte erschienen (89 Prozent aller Texte) und seit 2010 sind es 4111 (69 Prozent aller Texte). Es unterstreicht, wie stark die Forschung zu Solidarität – jenseits einer qualitativen Auseinandersetzung und Bewertung – in den letzten Jahren zugenommen hat. Bis in die 1990er war die Zahl der publizierten Artikel vergleichsweise niedrig während die Zahl der Publikationen seit den 2000ern stark zunimmt und 2019 einen vorläufigen Höhepunkt von 552 Artikeln erreicht hat.

Warum sollte man also die Solidaritätsforschung in die drei struktur-, akteurs- und diskurs-zentrierten Ansätze einordnen? Sind diese nicht zu generisch, als dass sie Solidarität erfassen? Die Diskurssicht wird dabei meist einer der beiden

Kymlicka 2017; Della Porta 2018; Grimmel und Giang 2017; Knodt und Tews 2014; Lahusen und Grasso 2018a).

ersten Ansätze zugeordnet und nicht als originäre konzeptionelle Dimension wahrgenommen. Das Argument für die Einteilung in Struktur und Akteur knüpft genau an diese generische Nutzung an, aber wendet sie positiv: Gerade weil Struktur und Akteur grundlegende Begriffe in den Sozialwissenschaften sind, soll in diesem Überblick gezeigt werden, dass Solidarität nach einer ähnlichen Logik funktioniert wie andere Begriffe und sozialwissenschaftliche Teilbereiche.

Anstatt sich Prämissen anzuschließen, dass Solidarität nicht theoriefähig sei (Münkler 2004), als analytischer Begriff wenig herhält (Thome 1998) oder so besonders sei, dass er sich jeglicher konzeptioneller Genauigkeit entziehe (Bude 2019), soll vielmehr gezeigt werden, dass die Einsichten aus struktur- und akteurs-zentrierter Perspektive auf Solidarität übertragen werden können. Mit der Hervorhebung der Diskursperspektive wird betont, dass Solidarität auch ein Kommunikationsprozess ist, der sich nicht auf die Struktur- oder Akteursdimension reduzieren lässt. Abb. 2.2 stellt diese Tri-Perspektive auf Solidarität dar, um zu verdeutlichen, dass die drei Perspektiven nicht in Konkurrenz zueinanderstehen, sondern verschiedene Blickwinkel auf den gleichen Untersuchungsgegenstand eröffnen.

Bevor wir zu den drei Perspektiven auf Solidarität kommen, möchte ich noch kurz die gewählten Begriffe Struktur, Akteur und Diskurs klären. Unter Struktur versteht Rainer Greshoff (2015, S. 284) eine Form, „die prozesshaft-flüchtigen Geschehnissen in ihrem Ablauf Beschränkungen auferlegt und sie darüber reguliert". Ähnlich heißt es bei Manfred G. Schmidt (2010, S. 791), dass Strukturen „als situationsübergreifende Einschränkungen der innerhalb

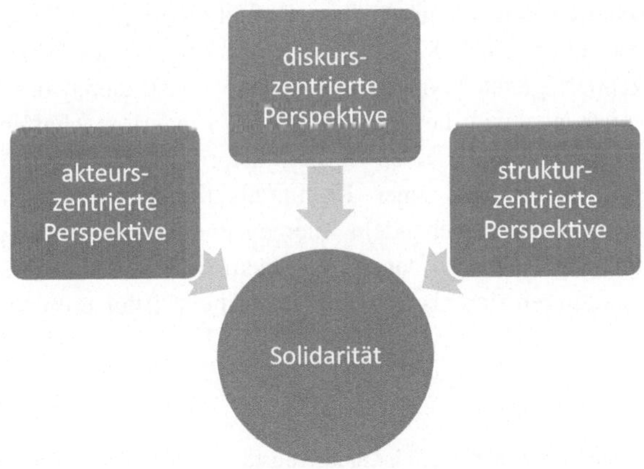

Abb. 2.2 Drei Perspektiven auf Solidarität. (Quelle: Eigene Darstellung)

eines bestimmten Systems möglichen Ereignisse [zu] verstehen [sind]“. Michael Corsten bezeichnet Struktur mit Émile Durkheim als „sozialen Tatbestand“, der „den individuellen Akteuren als etwas Äußerliches [erscheint], das unabhängig von ihnen gegeben ist und von außen auf sie einwirkt“ (Corsten 2011, S. 31).[2] Es geht um eine Institutionalisierung und regelkonforme Strukturierung von Handlungen, die nicht individuell getroffen werden, sondern ‚externen Faktoren‘ folgen und dann verstetigt werden.

Im Gegensatz zu Struktur meint Akteur „die ausführende Einheit einer sozialen Handlung“ (Sachweh 2015, S. 25). Akteure können nicht nur Individuen sein, sondern auch Kollektive oder verfasste Einheiten wie Organisationen. Zentral ist hierbei die Handlung, aufgrund derer die akteurs-zentrierten Ansätze, die meist vom soziologischen Denken Max Webers beeinflusst sind, auch als handlungstheoretische Ansätze bezeichnet werden können (Corsten 2011, S. 37). Akteurstheorien stellen individuelle oder kollektive Akteure ins Zentrum, die „insb. im Hinblick auf ihre Präferenzen, Situationsdeutungen, Wahl von Handlungsalternativen, Handlungsrestriktionen und Folgen ihrer Handlungen sowie hinsichtlich ihrer Beziehungen untereinander untersucht werden“ (Schmidt 2010, S. 16). Akteure sind handelnde Entitäten, denen eine intentionale Handlung und eine damit einhergehende Verantwortlichkeit in ihrem Tun zugeschrieben wird.

Diskurs wiederum kann als „fortwährende sprachliche (und z. T. auch nichtsprachliche) Erzeugung von Bedeutung“ verstanden werden (Nonhoff 2011, S. 64). Begriffe und Ideen haben keine natürliche Bedeutung, sondern ihnen wird diese diskursiv zugeschrieben. Das impliziert, dass sich diese verändern kann und kontext-, zeit- und akteursbedingt ist. Auch wenn der Diskursbegriff in den Sozialwissenschaften keiner einheitlichen Definition folgt (Keller 2011), nennt Johannes Angermuller (2014, S. 18–19) fünf Merkmale eines Diskurses, die als allgemein akzeptiert gelten können: 1) Diskurse konstituieren das Soziale und zeigen damit nicht nur, wie die Wirklichkeit ist, sondern erschaffen diese (teilweise) mit, 2) Diskurse produzieren zeitlich-historisch bedingte Sinnzusammenhänge und sind damit Teil einer Kommunikationspraxis, die in Kontexte eingebettet ist, 3) Diskurse behandeln Themen und Probleme, die gesellschaftliche und politische Relevanz haben, 4) Diskurse schaffen Subjektivität und Individuen konstituieren sich als Subjekte auch über Diskurse im sozialen Raum

---

[2] Das Einwirken von externen Kräften ist nicht vollständig unabhängig von den Individuen zu sehen. Individuen bringen die Strukturen auch immer ein Stück weit selbst mit hervor und sind ihnen nicht vollkommen unterworfen (Corsten, 2011).

und 5) Diskurse sind durch Materialität beeinflusst und lassen sich nicht als bloße Kommunikationsprozesse bezeichnen, sondern schreiben sich in soziale Praktiken und Körper ein.

Die sozialwissenschaftlichen Beschreibungen von Struktur, Akteur und Diskurs dienen als begriffliche Orientierung und werden für die Solidaritätsforschung in den jeweiligen Kapiteln spezifiziert.

2.1 Struktur-zentrierte Ansätze in der Solidaritätsforschung

Die Strukturperspektive auf Solidarität nimmt Institutionen, Regeln und Normen sowie Mechanismen in den Blick, die überindividuell gelten und Solidarität ‚produzieren'.(Prisching 2003; Thelen 2012). Solidarität wird von Steinar Stjernø (2009, S. 2) wie folgt definiert: „the preparedness to share resources with others by personal contribution to those in struggle or need and through taxation and redistribution organised by the state". Während der erste Teil der Definition die Handlungen von Akteure hervorhebt, stellt der zweite Teil auf die Umverteilung von Ressourcen durch institutionelle Regeln und Mechanismen im Staat ab. Diese Perspektive steht damit auch in der Tradition Émile Durkheims, der Solidarität und den gesellschaftlichen Zusammenhalt durch institutionelle Arrangements im Entstehen sieht und nicht durch individuelles Handeln (Durkheim, 2012; Thelen, 2012, S. 142). Die juristische Literatur zu Solidarität verortet diese in Vertragstexten und versteht Solidarität vornehmlich als Rechtsprinzip, welches Handlungen anleitet und Interpretationsräume eröffnet. Besonders in der EU wurde Solidarität als Rechtsprinzip prominent debattiert (Kadelbach 2014; Sangiovanni 2013).

Befördert wird die legalistische Sicht auf Solidarität durch die frühzeitige semantische Verwendung im Römischen Recht, indem die Formel *obligatio in solidum* einen Haftungsbeschluss zwischen den Mitgliedern einer Gruppe und der Gruppe selbst beschließt. Eine weitere semantische Referenz für Solidarität aus dem Lateinischen ist *solidus,* welches fest oder dicht bedeutet (Brunkhorst, 2002). Beide lateinischen Begriffe verweisen auf Institutionalisierungsprozesse und Gemeinschaftsbildung, die die Strukturperspektive auf Solidarität kennzeichnen. Jedoch kann die Gemeinschaftsbildung nicht nur durch Strukturen geschehen, sondern anders herum kann angenommen werden, dass es Handlungen und Einstellungen von Individuen braucht, damit sich eine Gemeinschaft als solche konstituiert (siehe Abschn. 2.2).

Indem auf Institutionen und Mechanismen rekurriert wird, tendiert die strukturalistische Perspektive dazu, Solidarität als Umverteilungsmechanismus zu verstehen und damit die Verteilung von Gütern und Geld von einer Gruppe an die andere zu untersuchen. Dieser Fokus manifestiert sich schließlich in der Sozialpolitik- und Wohlfahrtsstaatsforschung, die sehr häufig mit dem Begriff der Solidarität operiert. In den grundlegenden Studien von François Ewald (1993) und Peter Baldwin (1990) werden die historischen, institutionellen und parteipolitischen Wurzeln des solidarischen Wohlfahrtsstaates freigelegt. So zeigt Ewald, dass die Entwicklung des französischen Wohlfahrtsstaates im 19. Jahrhundert vom Umgang mit (Arbeits-)Risiko geprägt war und die Verpflichtung der Vorsorge und Sozialhilfe mit diesem Risiko umzugehen und sich dagegen ‚zu versichern'. Mit der Bezeichnung der Wohlfahrtsstaatspolitik als *‚social solidarity'* und dem Aufzeigen verschiedener Entwicklungspfade betont Baldwin, dass Solidarität von verschiedenen Akteuren in der Gesellschaft als zentral angesehen werden muss, um institutionalisiert zu werden und als ein Umverteilungsmechanismus in verschiedenen Ländern verstanden wird.

Drei zentrale Ergebnisse lassen sich aus der Wohlfahrts- und Sozialpolitikforschung zu Solidarität ableiten. *Erstens* gilt der Wohlfahrtsstaat als Manifestation von institutionalisierter Solidarität im nationalen Kontext (Gelissen 2000; Kymlicka 2015; Prisching 2003). Durch die Schaffung von Institutionen wie der Sozial- und Krankenversicherung wird ein allgemeiner Schutz im Fall von Krankheit, Arbeitslosigkeit und Arbeitsunfähigkeit geschaffen, den alle einzahlenden Mitglieder, unabhängig von sozio-kulturellen Merkmalen, erhalten. Diese Bildung einer Gemeinschaft, die sich gegen Risiken und Gefahren versichert und eine reziproke Beziehung zwischen Einzahlenden und Betroffenen schafft, ist der solidarische Kern des Wohlfahrtsstaates. Damit schafft er eine Universalisierung der sozialen Verhältnisse, weil tendenziell alle Mitglieder die gleichen Rechte, Ansprüche und Pflichten haben. Die Verteilung von Geld und Gütern erfolgt nicht über ein personalisiertes System, indem eine Person der anderen etwas gibt, sondern auf Basis eines gemeinsames *pools* von Beiträgen. Die Solidarität erfolgt also sowohl institutionalisiert, basierend auf vorher festgelegten Regeln, als auch überindividuell. In diesem Zusammenhang wird von der sozialen Solidarität gesprochen. Diese ist sozial, weil sie im Wohlfahrtsstaat die gesellschaftlichen Verhältnisse umfasst und den institutionellen Kit für ein Gemeinwesen und ein Gemeinwohl schafft (Kaufmann 2002).

Zweitens zeigen Studien auf, dass die Gleichbehandlung und die Universalität des Wohlfahrtsstaates zunehmend brüchig und konditional werden. Nicht mehr allen wird Zugang zur institutionalisierten Solidarität gewährt, sondern nur nach bestimmten Kriterien, wie z. B. einer gewissen Anzahl an Beitragsjahren oder einem Bürgerschaftsstatus im Sinne der Unionsbürgerschaft der EU. Auch die Regeln werden selektiver und richten sich zunehmend nach Bedürftigkeit oder Verdientheit *(deservingness)* der solidarischen Unterstützung durch den Wohlfahrtsstaat (Sales 2002; Thomann und Rapp 2018). Diese scheinen jedoch vom Wohlfahrtstaatregime abzuhängen. Wohlfahrtsstaaten, die großzügiger Sozialleistungen verteilen und leichteren Zugang zu sozialpolitischen Maßnahmen geben, gewähren tendenziell auch Migrant*innen leichteren Zugang zu diesen Maßnahmen und Sozialleistungen. Überdies befördern diese Wohlfahrtsstaaten auch die Aufnahme von Asylsuchenden und Geflüchteten, weil ein Gefühl für Solidarität und Inklusion als gesellschaftliche Norm stärker verankert ist (Boräng 2015; Ponce 2018; Römer 2017).

Drittens werden zunehmend die Europäisierung von Sozialpolitik und Ansätze einer transnationale Sozialpolitik in der EU untersucht (Börner 2013; Farahat 2019; Ferrera 2017). Hierbei zeige sich, so maßgeblich Mauricio Ferrera (2006), eine Spannung aus zwei Prozessen. Einerseits schafft der Wohlfahrtsstaat Gemeinschaften, die sich abgrenzen lassen und in denen Umverteilung stattfinden kann. Es erfolgt demnach ein gewisser Schließungsprozess. Der europäische Integrationsprozess setzt andererseits auf die Öffnung von Gemeinschaften, indem die Mobilität der Bürger*innen über Nationalgrenzen hinweg ermöglicht wird und ein freier Waren- und Kapitalverkehr den Binnenmarkt jenseits des Nationalen verortet. Diese Schließungs- und Öffnungsmechanismen ermöglichen zwar neue Freiheiten und Gelegenheiten, aber schwächen gleichzeitig die etablierte Solidarität im nationalen Wohlfahrtsstaat, wodurch neue Probleme und Konflikte entstehen (Ferrera 2006).

Es wird zudem darauf hingewiesen, dass auch jenseits des Nationalstaates Solidaritätsstrukturen entstehen, wobei diese nicht mit der nationalen Sozialpolitik gleichzusetzen seien. Schließlich finden sich nur wenig Hinweise, dass eine genuine umverteilende EU-Sozialpolitik im Entstehen ist (Martinsen und Vollaard 2014). Steffen Mau (2005a) hat frühzeitig argumentiert, dass in der EU neue Mechanismen und Institutionen geschaffen wurden, die ebenfalls eine Solidaritätsfunktion haben. Diese aber leicht übersehen werden, wenn nur nach den nationalen Sozialpolitiken als Indikatoren für eine europäische Solidarität geschaut wird. So können die Unionsbürger*innenschaft mit ihren Rechten und Pflichten ein soziales Band bilden, welches dem national geprägten Staatsbürger*innenschaft nicht identisch ist, aber wohl eine weitere Ebene und eine Projektionsfläche für die Identifizierung mit der EU bietet (siehe auch Risse 2010 und Abschn. 2.2). Neben diesen Bürger*innenrechten sind es auch die Struktur- und Kohäsionsfonds der EU, die Gelder in schwächer entwickelte Regionen der EU verteilen (mit dem Ziel der Anpassung der ökonomischen und sozialen Lebensumstände der Menschen) und als Umverteilungsmechanismen zu betrachten sind, die wiederum nah an klassische sozialpolitische Arrangements herankommen (Mau 2005a). Forscher*innen betonen, dass die sozialpolitische Dimension im europäischen Integrationsprozess auch für die Krisenbewältigung in der EU unerlässlich sei (Ferrera 2017).

Wie sich gerade in der Eurokrise und dem Aufkommen des Europäischen Semesters gezeigt hat, werden nationale Sozialpolitiken zunehmend supranational durch die Europäische Kommission auf ihre Reformbedürftigkeit evaluiert. Damit kommt es zu einer Kompetenzausweitung auf eine der Kernbereiche nationaler Politik (Verdun und Zeitlin 2018). Dadurch werden Fragen nach einem sozialen Europa und der Ausweitung oder Einschränkung sozialer Rechte konfliktreicher. Wie Meuleman et al. (2020, S. 56) festhalten:

> „Social Europe affects the territorial reach of solidarity, the identity of its constituent communities and the ultimate source of legitimate authority for the creation and enforcement of social rights. Social Europe implies a solidarity shift that could create new structural conflicts between winners and losers of European integration."

Wir finden also eine Vielzahl an „institutionalised solidarity" (Gelissen 2000) im und jenseits des Nationalstaates und des Wohlfahrtsstaates. Solche Prozesse sind demnach überindividuell, weil Mechanismen Solidarität erzeugen. Sie finden zumeist auch semi-automatisiert statt, da, einmal beantragt und genehmigt, die Solidaritätsaktion im Sinne einer (Um-)Verteilung regelmäßig durchgeführt wird. Zudem führt die Institutionalisierung dazu, dass Solidarität verpflichtend und verbindlich ausgeübt wird. Mit dieser institutionalisierten Verbindlichkeit wird der Grad der Reziprozität erhöht. Verstanden als die gegenseitige zeitverzögerte Unterstützung ohne dass sich die Beteiligten gegenseitig Schaden zufügen dürfen (Gouldner 1960), zeigt sich in solchen institutionalisierten Verfahren von Solidarität, dass alle Mitglieder der Gruppe auf ein reziproke Behandlung vertrauen können. Dies schafft eine gewisse Gleichheit unter den Solidaritätsbezieher*innen und -geber*innen, da alle nach den vermeintlich gleichen Kriterien beurteilt werden und Solidarität erfahren.

Neben dem Blick auf den Wohlfahrtsstaat, beschäftigt sich auch die rechtliche Literatur mit Solidarität und deren juristischen Manifestation. So argumentiert Bieber (2013, S. 68), dass Solidarität „dem genetischen Code der Europäischen Union eingeschrieben" sei, weil zum einen Solidarität prominent in den Europäischen Verträgen vertreten sei. Zum anderen Solidarität als normative Orientierung in EU-Krisenzeiten dient, wie mit Krisen umzugehen ist, wobei der solidarische Modus zunehmend abhandengekommen ist (Ferrera und Burelli 2019; Habermas 2013). Dabei ist nicht zu verkennen, dass Solidarität bzw. solidarisch begrifflich 14 Mal im Vertrag von Lissabon (EUV und AEUV umfassend) auftauchen und im fünften Teil des Vertrages (Vertrag über die Arbeitsweise der Europäischen Union, AEUV) eine sogenannte Solidaritätsklausel (Art. 222) festgeschrieben ist, in der es in Absatz 1 wie folgt heißt: „Die Union und ihre Mitgliedstaaten handeln gemeinsam im Geiste der Solidarität, wenn ein Mitgliedstaat von einem Terroranschlag, einer Naturkatastrophe oder einer vom Menschen verursachten Katastrophe betroffen ist".

Betrachtet man die Präambel des Vertrags über die Europäische Union (EUV), dann wird Solidarität nicht als Wert an sich gesetzt, sondern findet seine Entsprechung vielmehr in der Berufung der Implementierung und Einhegung im nationalen Rahmen.[3] Wie es da heißt:

> „In dem Wunsch, die Solidarität zwischen ihren Völkern unter Achtung ihrer Geschichte, ihrer Kultur und ihrer Traditionen zu stärken" (Europäische Union 2008).

Aus juristischer Perspektive erlangt Solidarität als Rechtsprinzip (Kadelbach 2014) besonders durch die Rechtsprechung des Europäischen Gerichtshof (EuGH) im Bereich der Unionsbürgerschaft und des sozialen Europas besondere Bedeutung (Farahat 2019; Heindlmaier 2020). Dabei kommt es jedoch vermehrt zu Solidaritätskonflikten zwischen nationaler und europäischer Ebene. Wie Farahat (2019, S. 257) festhält: „die solidarische Dimension der Unionsbürgerschaft [wird] in Folge der jüngsten Rechtsprechung des EuGH zunehmend vor nationalen Gerichten und in der Sprache des nationalen Sozial- und Verfassungsrechts verhandelt werden". Solidarität als Rechtsprinzip, welches unterschiedlich ausgelegt wird, besitzt damit eine strukturgebende Funktion und zeigt die gesellschaftspolitischen Implikationen einer Europäisierung von sozialen Rechten und einer post-nationalen Staatsbürger*innenschaft auf.

In der Charta der Grundrechte der Europäischen Union findet sich ein ganzer Abschnitt, der mit Solidarität betitelt ist (Europäische Union 2012). Dieser vierte Abschnitt umfasst diverse Aspekte zum Arbeitsrecht (z. B. Schutz vor ungerechtfertigter Entlassung, Verbot der Kinderarbeit), soziale Sicherungssystem sowie Gesundheits- Umwelt- und Verbraucherschutz. Dieser Abschnitt verdeutlicht, wie breit gefächert die Bedeutung von Solidarität ist und wie zentral und handlungsleitend diese Idee in verschiedenen Politikbereichen ist.

[3] Ich danke Marco Borraccetti für diesen Hinweis.

Betrachtet man die Politikfelder in der EU genauer, in denen Solidarität adressiert wird, dann zeigt sich zwar, dass Solidarität wichtig ist, aber auch in Spannung zu anderen Normen im Vertragstext steht. So spielen Fragen des Wettbewerbs und der Sicherheit eine ebenso wichtige Rolle wie nationale Entscheidungskompetenzen und nationale Souveränitätsbedenken gegenüber supranationalen Solidaritätsprinzipien. Solidarität ist dann die rechtliche Norm, um Probleme und Herausforderungen gemeinsam anzugehen, die jedoch gleichzeitig mit der Verfolgung von Eigeninteressen verwoben ist, und Solidarität somit einer gewissen Instrumentalisierung nicht entgeht (Hermes 2014; Knodt und Piefer 2014; Tosun 2014).

Auch in der Außen- und Sicherheitspolitik in der EU und in der NATO ist das Solidaritätsprinzip der gegenseitigen Unterstützung in den Verträgen verankert. Die Bündnissolidarität aller NATO-Mitgliedstaaten im Fall eines Angriffs bildet einen zentralen institutionellen Anker, um sich gegenseitig zu unterstützen. Nichtsdestoweniger steht gerade in diesem Politikbereich die Frage nach nationaler Sicherheit und Souveränität einer solidarischen Haltung und Handlung im Weg. Während also die vertraglichen Bedingungen gegeben sind, um solidarisch zu handeln, zeigen sich vielfach Umsetzungslücken oder verschiedene Solidaritätsrahmen am Werk, die die institutionalisierte Solidarität im Rahmen der EU-Außenpolitik oder in der NATO an ihre Grenze bringt (Morgen 2015; Rüger 2014).

Insbesondere in der Migration- und Asylpolitik der EU zeigt sich die Spannung zwischen dem Rechtsprinzip Solidarität und der Sicherung der Außengrenzen. Die Frage ist demnach, mit wem sich unter welchen Umständen solidarisch erklärt wird. Während es vornehmlich um einen Solidaritätsmechanismus zwischen EU-Mitgliedsstaaten geht, um betroffene Staaten zu entlasten *(burden-sharing mechanism),* gibt es auch Menschenrechtsstandards, wie z. B. das Recht auf Asyl, die eine Solidarität mit Asylsuchenden nahe legen, um diese vor Hunger, Gewalt, Verfolgung und Krieg zu schützen (Bauböck 2018; Saracino 2018; Thielemann 2014). Seit dem Vertrag von Lissabon gilt Solidarität als fester primärrechtlicher Bestandteil im Bereich von Migration und Asyl. So heißt es in Artikel 67:

> „Sie stellt sicher, dass Personen an den Binnengrenzen nicht kontrolliert werden, und entwickelt eine gemeinsame Politik in den Bereichen Asyl, Einwanderung und Kontrollen an den Außengrenzen, die sich auf die Solidarität der Mitgliedstaaten gründet und gegenüber Drittstaatsangehörigen angemessen ist." (Europäische Union 2009).

Und Artikel 80, der den Abschnitt zu Asyl-, Grenz- und Zuwanderungsaspekten beschließt, heißt es zusammenfassend:

> „Für die unter dieses Kapitel fallende Politik der Union und ihre Umsetzung gilt der Grundsatz der Solidarität und der gerechten Aufteilung der Verantwortlichkeiten unter den Mitgliedstaaten, einschließlich in finanzieller Hinsicht." (Europäische Union 2009).

Trotz dieser rechtlichen Verankerung solidarische Zusammenarbeit im Lissaboner Vertrag basiert das Dublin-Abkommen (Dublin III), und die darin enthaltene Regelung der Asylaufnahme in der EU, nicht auf Solidarität. Die EU-Mitgliedsstaaten mit EU-Außengrenze sind in der hauptsächlichen Verantwortung, die Asylprozesse durchzuführen und ggf. Asyl zu gewähren, weil Asylsuchende nur in diesem Land Asyl beantragen können, indem sie zuerst in der EU anlanden. Falls der Asylantrag abgelehnt wird, ist es den Asylsuchenden zudem untersagt, in einem anderen EU-Mitgliedstaat Asyl zu beantragen. Die intergouvernementale Zusammenarbeit und ‚gerechte Aufteilung der Verantwortlichkeiten' wird also gerade durch die Dublin-Verordnung unterlaufen, weswegen Jürgen Bast (2014, S. 26) kritisch festhält: „Die Dublin II-Verordnung errichtet kein solidarisches System, vielmehr werden in Anwendung der Dublin-Kriterien Lasten für die Umsetzung des Gemeinsamen Europäischen Asylsystems überproportional auf die Staaten der südlichen und östlichen Peripherie der Union abgewälzt".[4]

2.2 Akteurs-zentrierte Ansätze in der Solidaritätsforschung

Der zweite empirische Ansatz in der Solidaritätsforschung fokussiert auf Einstellungen und das Verhalten von Akteuren. Er verortet Solidarität nicht in Institutionen und Strukturen, sondern im individuellen oder kollektiven Akteur, der intentional solidarisch handelt und Solidarität als Wert befördert. Daher wird untersucht, ob und unter welchen Bedingungen solidarisch gehandelt wird oder welche Dispositionen eine solidarische Haltung befördern (Gerhards et al. 2020; Lahusen und Grasso 2018a; Offe 2004). Demnach kann

---

[4]Diese Situation hat sich weder mit Dublin-III verändert, noch deuten die Debatten um eine Dublin-IV-Reform auf veränderte, solidarischere, Regelungen hin (Groß, 2017).

Solidarität wie folgt definiert werden: As „a type of action: working with others for common political aims, paradigmatically in a context of incompletely shared interest“ (Kolers 2012, S. 367).

Der zweite Ansatz teilt mit der struktur-zentrierten Perspektive, dass der nationale Kontext eine zentrale Rolle bei der Untersuchung von Solidarität spielt. Nichtsdestoweniger findet jüngst eine vielfältige Debatte zu Formen europäischer und transnationaler Solidarität in Europa statt. In diesem Ansatz geht es zum einen um Einstellungen von Individuen, die durch Umfragen erfasst werden oder um die Untersuchung von Verhalten und Praktiken im Bereich der Protest- und Bewegungsforschung sowie der Gewerkschaftsforschung.

Solidarische Einstellungen wurden besonders in den Bereichen wohlfahrtsstaatliche Maßnahmen und (Im-)Migration analysiert. Befürworten Menschen die gleiche solidarische Unterstützung für alle sozialen Gruppen oder gibt es Abstufungen und inwiefern wird sich mit Schwächeren, Ausgeschlossenen und Minderheiten solidarisiert? Generell lässt sich festhalten, dass diverse soziokulturelle und sozio-ökonomische Faktoren die Befürwortung von Solidarität befördern. Zahlreiche Studien haben für folgende Merkmale eine befördernde Rolle in der solidarischen Haltung gegenüber anderen festgestellt:

- eine höhere Bildung (u. a. Kuhn und Kamm 2019; Mau und Burkhardt 2009; van Oorschot 2000),
- eine eher linke politische Einstellung (u. a. Ciornei und Recchi 2017; Mau und Burkhardt 2009),
- Offenheit gegenüber Fremden, kultureller Toleranz und Diversität (u. a. Baute et al. 2019; Bechtel et al. 2014; Kuhn et al. 2018),
- eine eher religiöse Einstellung (u. a. Lahusen und Grasso 2018a; Scheepers und Grotenhuis 2005; van Oorschot 2006),
- höheres Vertrauen in politische Institutionen (u. a. Koos und Seibel 2019; Parth et al. 2020).

Das soziale Band bzw. der soziale Zusammenhalt gerät jedoch zunehmend unter Stress, weil er nicht mehr universell alle Menschen umfasst, sondern selektiver gegenüber bestimmten sozialen Gruppen gefasst ist (Berger 2005). Es werden zunehmend Differenzierungen in der Bedürftigkeit der solidarischen Maßnahmen vorgenommen und immer stärker geht es um die Frage der *deservingness* für bestimmte soziale Gruppen. Die universelle Solidarität des Wohlfahrtsstaates wird zunehmend zu einer Frage der *in-group* oder *out-group* Solidarität.[5] So haben Studien gezeigt, dass älteren Personen oder Menschen mit geistiger oder körperlicher Behinderung eher soziale Unterstützung zugestanden wird als Arbeitslosen (van Oorschot 2000). In dieser Hinsicht wurde auch von der „hierarchy of solidarity" (Montgomery et al. 2018, S. 85) gesprochen und für Länder wie Dänemark oder England Abstufungen und Konditionalitäten in der Gewährung von Solidarität für bestimmte soziale Gruppen gezeigt (Montgomery et al. 2018; Trenz und Grasso 2018). Besonders Migrant*innen und Asylsuchende werden zunehmend exkludiert und als Bedrohung für den sozialen Zusammenhalt angesehen, weil um knapper werdende Ressourcen konkurriert wird und demnach Bedürftigkeits- oder Verdientheitsbedingungen greifen (Sales 2002; Thomann und Rapp 2018). Dies führt schließlich auch dazu, dass die Wichtigkeit der nationalen Identifikation zur *in-group* steigt. Ressourcen werden eher mit der eigenen Gruppe geteilt als mit Mitgliedern der *out-group,* weswegen es zu Abgrenzungen oder Verweigerung der Güterteilung und -verteilung mit anderen kommt. In diesem Kontext spricht die Forschung vom Wohlfahrtschauvinismus, indem Solidarität vornehmlich national unterstützt wird und entweder explizit oder implizit Fremde ausgrenzt (Hjorth 2016; Reeskens und van Oorschot 2012; Van Der Waal et al. 2013).

Wie im struktur-zentrierten Ansatz zu Solidarität, fand auch in diesem Strang der Solidaritätsforschung eine Europäisierung statt, insofern gefragt wurde, wie es um europäische und transnationale Solidarität bestellt ist und inwiefern sich nationale und europäische Solidarität ausschließen oder überlappen. Der nationale Kontext für Solidarität erfährt weiterhin hohe Zustimmung, insbesondere wenn es um konkrete sozialpolitische Umverteilungsmaßnahmen geht (Gerhards et al. 2020; Lahusen und Grasso 2018a). Nichtsdestoweniger demonstrieren Studien, dass sich verschiedene Identitäten überlappen können und damit verschiedene Schichten im Identifikationsprozess der Bürger*innen bilden (Lahusen 2020; Nicoli et al. 2020; Risse 2010). Die positive, werte-basierte Identifikation mit der EU spielt eine wichtige Rolle für eine pro-solidarische Haltung, weil sie, ebenso wie für den Nationalstaat, eine *in-group* bildet, zu der sich Menschen zugehörig fühlen. Diese Zugehörigkeit verbindet nicht nur, sondern schafft auch Verpflichtungsempfinden für die Gruppenmitglieder

[5]In der theoretischen Forschung zu Solidarität werden diese solidarischen Relationen auch als Gemeinschafts- und Kampfsolidarität (Bayertz 1998a) bezeichnet oder es wird zwischen „solidarity among" und „solidarity with" (O'Neill 2002, S. 201) sowie zwischen „robust solidarity" and „expressionist solidarity" (Taylor 2015) unterschieden.

(Ciornei und Recchi 2017; Lahusen 2020; Starke, in press; Verhaegen 2018). Die Zustimmung zu europäische Solidarität wird maßgeblich durch kulturelle Faktoren wie die Offenheit gegenüber Fremden, Toleranz, Diversität und Gleichheit befördert. Aber auch die allgemeine Befürwortung der EU sowie eine höhere Kompetenzverlagerung auf die EU erhöhen die Bereitschaft auf europäischer Ebene solidarische Maßnahmen, z. B. in Form von Umverteilungen oder der Ausweitung sozialer Rechte, zu unterstützen (Baute et al. 2019; Ciornei und Recchi 2017; Gerhards et al. 2020; Kuhn et al. 2018). Jüngst wird in der EU-Forschung zwischen internationaler Solidarität und transnationaler Solidarität unterschieden, um verschiedene Bezugspunkte im solidarischen Handeln zu erfassen. Geht es um die Untersuchung wie die Solidarität zwischen EU-Mitgliedsstaaten bewertet und unterstützt wird (internationale Dimension) oder geht es eher um das solidarische Verhalten zwischen den Bürger*innen in der EU (transnationale Dimension) (Baute et al. 2019; Ciornei und Recchi 2017; Reinl 2020; Sangiovanni 2013).

Dahingehend lassen sich auch Anzeichen für eine Unterstützung eines europäischen Wohlfahrtsstaates und einer europaweiten Sozialpolitik identifizieren (Gerhards et al. 2016; Lahusen und Grasso 2018b; Nicoli et al. 2020). Mau (2005b) weist in seiner Analyse darauf hin, dass diese Unterstützung vom nationalen Wohlfahrtsregime abhängen mag, indem die Bürger*innen sozialisiert wurden. Entweder erwarten die Bürger*innen durch einen europäischen Wohlfahrtsstaat mehr Solidarität in Form von einer besseren Absicherung und Unterstützung, weil der nationale Wohlfahrtsstaat eher schwach ausfällt oder Bürger*innen erwarten eher eine Verschlechterung durch eine Europäisierung, weil der bekannte Wohlfahrtsstaat bereits stark ausgebildet ist und ein gutes soziales Sicherungsnetz bietet. Gerade letztere negative Erwartung kann zu den bereits erwähnten wohlfahrtschauvinistischen Tendenzen führen.

Wie bereits im nationalen Kontext hat auch die Forschung zu europäischer Solidarität demonstriert, dass diese konditional gewährt wird. Solidarität wird gewährt, aber nur unter bestimmten Bedingungen, die auf gegenseitigem Vertrauen und Reziprozität aufbauen. Das heißt, selbst wenn Menschen angaben, andere Krisenländer in Form von Rettungspaketen zu unterstützen, wurde auch Skepsis geäußert, dass die finanzielle Unterstützung für Griechenland beispielsweise zu hoch für Ländern wie Deutschland wäre. Solche Unterstützung wurde zumeist an Konditionalitäten geknüpft. Besonders wenn eigene Krisenerfahrungen eine Rolle spielen, scheint die Unterstützung für europäische oder transnationale Solidarität abzunehmen und stattdessen werden die Bürger*innen im eigenen Land zuerst bedacht. Eine gewisse Grundlage für europäische Solidarität scheint gegeben, aber besonders in Krisensituationen wird diese transnationale solidarische Haltung herausgefordert, wodurch die Grenzen der Solidarität sichtbar werden (Bechtel et al. 2014; Kuhn und Kamm 2019; Lahusen und Grasso 2018a; Verhaegen 2018).

Wenn die konkreten Handlungen und Motivationen für Solidarität untersucht werden, zeigen Studien im Bereich der Bewegungs- und Gewerkschaftsforschung drei Aspekte. *Erstens* sind nationale oder lokale Kontexte für das solidarische Handeln wichtig (Della Porta 2018; Gómez Garrido et al. 2019; Kousis et al. 2020). Die solidarischen Praktiken richten sich zumeist auf das Umfeld, in denen versucht wird, Anderen solidarisch beizustehen. Dabei kann es bei diesen Aktionen trotzdem um europäische oder transnationale Themen wie eine legale Aufnahme von Flüchtlingen in der EU oder gewerkschaftliche Proteste gegen Werkschließungen und Stellenabbau in verschiedenen europäischen Ländern gehen. Diese Forschungsarbeiten verdeutlichen die Verzahnung und die Grenzen verschiedener geographischer Kontexte für soziale und politische Interaktionen und hinterfragen die zumeist implizite Annahme eines methodologischen Nationalismus in der Analyse von (nationaler) Solidarität (Pernicka und Hofmann 2015; Schwiertz und Schwenken 2020).[6]

Zweitens richten sich viele solidarische Praktiken gegen bestehende Herrschafts- und Diskriminierungsverhältnisse. Proteste und Demonstrationen kritisieren bestehende Ungleichheiten und Ungerechtigkeiten und schaffen damit einen kollektiven Rahmen, indem sich verschiedene Akteure solidarisch verhalten. Dabei geht es auch um die Frage, wer sich mit wem solidarisch verhält und welche Inklusions- und Exklusionsmechanismen greifen, um sich mit bestimmten Gruppen (nicht) zu solidarisieren. Konflikte um Solidarität und deren Deutungskämpfe stehen vielfach im Zentrum dieser Forschung. Die Erfahrung von, das Wissen über und der gesellschaftspolitische Hintergrund der Ungerechtigkeiten und Ungleichheiten spielen eine zentrale Rolle, weil sie die Krise als Auslöser für solidarische Praktiken und die Mobilisierung der Akteure verstehen. Andersherum argumentierend, sind es Erfahrungen der Entsolidarisierung und bestehende unsolidarische Verhältnisse, die die Solidaritätsaktionen hervorrufen (Featherstone 2012; Forno und Graziano 2019; García Agustín und Jørgensen 2016; Hofmann et al. 2019).

Besonders im Bereich Migration und Asyl gibt es Untersuchungen, die sowohl die migrantische Perspektive in solchen Solidaritätspraktiken beleuchten

[6]Die geographische Einbettung von Solidaritätsaktionen in lokale wie transnationale Netzwerke zeigt sich auch in der Forschung zu Städtenetzwerken, den sogenannten *sanctuary* oder *solidarity cities* (Heimann et al., 2019; Jeffries und Ridgley 2020).

als auch die Unterstützung durch NGOs, Aktivist*innen und Unterstützer*innen betrachten (Ataç et al. 2015; Della Porta 2018; Monforte und Dufour 2013; Rygiel 2011). Die Solidaritätsaktionen sind durch verschiedene Motivationen beeinflusst wie eine starke moralische Verpflichtung zu helfen, Solidarität auf Grundlage eines Menschenrechtsverständnisses oder eher politische Motive, die die Proteste in institutionelle und gesamtgesellschaftliche Kontexte einbetten. In der letzteren Motivation ist besonders die Rolle von sozialen und Protestbewegungen, lokalen Unterstützungsinitiativen und NGOs wichtig, wenn es um die Mobilisierung und Organisation von Solidaritätsaktionen geht – sowohl im lokalen als auch im transnationalen Kontext (Carlsen et al. 2020; Della Porta 2018; Hamann und Karakayali 2016; Lahusen et al. 2018). Häufig wird dabei eine Verbundenheit oder Identifikationen mit anderen herausgestellt. Das verdeutlicht, dass Gruppenzugehörigkeit ein zentrales Merkmal für solidarische Praktiken von Akteuren darstellt. Dabei geht es in diesem Forschungsstrang jedoch weniger um eine *in-group* Identifikation, sondern eher eine *out-group* Identifikation. Man solidarisiert sich vornehmlich nicht mit anderen aufgrund von Ähnlichkeiten, sondern weil gemeinsame Ziele bestehen oder gemeinsame Widrigkeiten überwunden werden sollen.

Drittens werden ähnliche Aspekte auch für Solidaritätsaktionen im Gewerkschaftskontext aufgezeigt: Es wird die geteilte Wahrnehmung von Ungerechtigkeiten betont, gegen die protestiert wird, sowie eine gemeinsame Handlungsoption – im nationalen wie internationalen Rahmen –, um die Ungerechtigkeit lösen oder zumindest abmildern zu können. Schließlich wird aber auch gezeigt, dass Gewerkschaften als kollektive Akteure für die Koordinierung und Mobilisierung der individuellen Protestierenden oder kleinräumiger Akteure eine wichtige Vermittlungsposition einnehmen. Sie stellen die Möglichkeit dar, Arbeiter*innen zu mobilisieren, zu organisieren und ein eigenes *agenda-setting* zu betreiben, um die Interessen der Gewerkschaftsmitglieder gegen widerstreitende Interessen zu verteidigen. Auch wenn sie dabei verschiedene Strategien verfolgen (und unterschiedlich Erfolg damit haben), schaffen sie verschiedene Arten der Gruppenzugehörigkeit, um sich gegen ökonomische Veränderungen zu wappnen (Donnelly 2016; Ibsen und Thelen 2017; Naczyk und Seeleib-Kaiser 2015).

Die Koordinierung im internationalen Kontext, z. B. im Rahmen der EU, trifft dabei auf verschiedene Konfliktlinien und Faktoren, die die transnationale Mobilisierung erschweren. Die Gewerkschaften sehen sich der Herausforderung gegenüber, dass eine europaweite Koordinierung der Tarif- und Lohnpolitik nur begrenzt geschieht und möglich ist während der Wettbewerb auf dem europäischen Binnenmarkt weiter vorangetrieben und fest in die vertraglichen

Grundlagen der EU eingeschrieben ist. Gleichzeitig ist die transnationale Mobilisierung von Gewerkschaftsprotest in Form von Demonstrationen oder Streiks mit Herausforderungen verbunden wie nationalen Differenzen auf dem Arbeitsmarkt, verschiedene Grade der Institutionalisierung der Gewerkschaftsbewegung sowie unterschiedlichen Betroffenheiten in den Krisen (Engler 2016; Gajewska 2009; Pernicka et al. 2019; Pernicka und Hofmann 2015).

2.3 Diskurs-zentrierte Ansätze in der Solidaritätsforschung

Der dritte Ansatz in der Solidaritätsforschung untersucht die diskursive Konstruktion von Solidarität (Wallaschek, 2020b) in verschiedenenKommunikationsarenen. Im Mittelpunkt stehen Äußerungen von Akteuren über Solidarität und wie sprachliche Aussagen Solidarität kommunikativ erzeugen, Bedeutung zu schreiben und verschiedene Interpretationen des Begriffs Solidarität anbieten. Oder wie Cinalli et al. (2020, S. 122) festhalten: „Solidarity relationships in modern society are activated through a type of public communication that binds strangers together in a discourse about justice and the common good". Dabei stützt sich die bisherige Forschung vor allem auf Diskursanalysen zur Eurokrise und europäischen Migrationskrise (Brändle et al. 2019; Closa und Maatsch 2014; Hobbach 2019; Trenz et al. 2020; Wallaschek 2020c).

Die grundlegende Annahme ist, dass die Bedeutung von Solidarität nicht einfach gegeben ist, sondern durch Akteure re-konstitutiert wird, Bedeutungsveränderungen entstehen und verschiedene Interpretationen möglich sind, was unter Solidarität zu verstehen ist (Grimmel 2020; Stjernø 2009; Wallaschek 2019b). Demnach werden nicht nur Diskurse um wohlfahrtsstaatliche Aspekte von Solidarität oder inwiefern Individuen solidarisch agieren analysiert, sondern wie diese Institutionen und Handlungen aus der Solidaritätsperspektive geframt werden. Das heißt, inwiefern transportieren, befördern oder beeinträchtigen Diskurse Solidarität und welchen Effekt haben sie auf Institutionen und Handlungen. Die Framing Theorie sowie der diskursive Institutionalismus sind wichtige theoretische Ansätze, um Solidaritätsdiskurse zu untersuchen und deren politische Wirkmächtigkeit wie die Mobilisierung der Bürger*innen zu demonstrieren (Entman 1993; Schmidt 2008). Selektions- und Salienzprozesse bestimmen Diskurse und während einige frames sehr häufig vorkommen, fehlen andere wiederum. Diese Verschiebungen beeinflussen, wie über Themen, Politikvorschläge oder Begriffe diskutiert wird. Zudem dienen öffentliche Diskussionen auch der Legitimierung bestimmer Positionen, der Mobilisierung, geben Akteuren den Raum ihre Position darzustellen und andere zu kritisieren. Ein zentraler Aspekt ist dabei der Konflikt um Solidarität und inwiefern sich unterschiedliche Solidaritätsverständnisse zeigen lassen, wodurch die Grenzen und Herausforderungen von Solidarität in den Blick genommen werden (Cinalli et al. 2020; Hofmann et al. 2019; Wallaschek 2019b).

In zahlreichen Studien ist Solidarität einer der untersuchten *frames* und erfuhr besonders in Analysen zur Krisendebatte in Europa einige Aufmerksamkeit (De Wilde et al. 2019; Galpin 2017; Hutter et al. 2016; Wonka 2016). Jedoch differieren diese Arbeiten stark im Solidaritätsverständnis und vermischen meist kulturelle Formen der Zugehörigkeit und Identifikation mit ökonomischen Aspekten der Umverteilung in ihrer Konzeption von Solidarität. Zudem werden meist nur implizit die Reichweite und Adressaten von Solidarität mitgedacht. Es ist jedoch gerade für den diskurs-zentrierten Solidaritätsansatz möglich, verschiedene Reichweiten und Adressaten von Solidarität zu untersuchen. So kann sowohl untersucht werden, wie sichtbar lokale, nationale oder transnationale Solidarität im Diskurs sind als auch welche sozialen Gruppen in diesen Diskursen adressiert werden, wer sich also mit wem solidarisch erklärt (Cinalli et al. 2020; Wallaschek et al. 2020).

Die intergouvernementale und supranationale Ebene spielen für die Solidaritätsdiskurse eine wichtige Rolle. Erstere verdeutlicht, dass es besonders um die Frage geht, wie Solidarität zwischen den EU-Mitgliedsstaaten geübt wird und werden soll. Letztere wiederum hat sich stellenweise in der Migrationskrise angedeutet, weil das Fehlen einer einheitlichen und Krisen-festen Asyl- und Migrationspolitik der EU kritisiert wurde, während gleichzeitig Solidarität mit Flüchtlingen und Asylsuchenden im öffentlichen Diskurs auf große Resonanz gestoßen ist (Cinalli et al. 2020; Wallaschek 2020a, b).

In Übereinstimmung mit anderen Mediendiskursanalysen wird gezeigt, dass Regierungsakteure maßgeblich mitbestimmen, wer sich mit wem solidarisch erklärt. Umgekehrt sind also nicht-staatliche Akteure wenig präsent im öffentlichen Solidaritätsdiskurs und dies gilt sowohl für die Eurokrise als auch Migrationskrise in Europa (Brändle et al. 2019; Wallaschek 2020a). Diese Ergebnisse stehen im Kontrast zu früheren Studien, die gezeigt haben, dass vor allem Oppositionsparteien im Parlament Solidarität fordern und die Regierungsparteien zu mehr Solidarität auffordern, während die Regierungsparteien eher auf ein instrumentelles Framing in der Eurokrise zurückgegriffen haben (Closa und Maatsch 2014; Wonka 2016).

Überdies demonstrieren Studien zum spezifischen Framing von Solidarität, dass staatliche Akteure eher ein exklusives Verständnis von Solidarität haben, welches sich auf die eigene nationale Gemeinschaft bezieht während zivilgesellschaftliche Akteure eher ein inklusiveres, kosmopolitisches Verständnis von Solidarität in ihren öffentlichen Aussagen beziehen. Staatliche Akteure referieren in ihren Solidaritätsbekundungen also eher auf die *in-group* während die Zivilgesellschaft sich eher mit anderen solidarisiert (*out-group*) (Brändle et al. 2019; Wallaschek et al. 2020). Die Diskurse um Solidaritätskonflikte machen deutlich, wie umkämpft solidarische Handlungen und die Bedeutungszuschreibungen sind. Diese Konflikte drehen sich um die jeweilige Auslegung und das Verständnis von Solidarität und nicht die generelle Ablehnung von Solidarität. Dahingehend deutet sich ein überaus positives und befürwortendes Framing von Solidarität im Grundsatz an. Das heißt, *wenn* Solidarität in der öffentlichen Debatte thematisiert wird, dann überaus zustimmend (Brändle et al. 2019; Hobbach 2019; Trenz et al. 2020; Wallaschek 2019c).

Im Vergleich der Krisen wurde demonstriert, dass die europäische Migrationskrise stärker von einem Solidaritätsdiskurs geprägt war als die Eurokrise und dass sich neben den Solidaritätsaussagen auch ökonomische oder instrumentelle Argumentationen wiederfanden. So zeigt Hobbach (2019)für die Parlamentsdiskurse in Frankreich und Deutschland zu beiden Krisen, dass nur rund ein Viertel aller Aussagen sich auf europäische Solidarität bezogen und ansonsten andere Rechtfertigungen von den Akteuren genutzt wurden. Überdies ist der französische Diskurs stärker von Solidaritätsaussagen geprägt als der deutsche während Wallaschek (2020a) für die Eurokrise zeigen kann, dass der deutsche Mediendiskurs sich wiederum stärker um Solidarität dreht als im Vergleich der irische Mediendiskurs. Hierbei zeigen sich auch unterschiedliche Verständnisse von Solidarität, da der deutsche Diskurs zu Solidarität stark von einer Konditionalität der gewährten solidarischen Leistung ausgeht. Nur unter vorher festgelegten Bedingungen, wird Solidarität gegenüber anderen befürwortet (Hobbach 2019; Wallaschek 2020c).[7]

Steinar Stjernø (2009) hat in einer wegweisenden Studie die parteiprogrammatische Verankerung von Solidarität in Europa aufgezeigt. Er untersuchte, wie in sozialdemokratischen und konservativen Parteien – sowie in kommunistischen und faschistischen Parteien – Solidarität verstanden wird und wie sich dieses Verständnis seit dem 19. Jahrhunderts verändert hat. Er zeigt dabei auf, dass die ideengeschichtlichen Grundlagen für die konservativen und christlich-demokratischen Parteien eher im Bereich der

[7]Damit spiegeln die Ergebnisse der Diskursanalysen die Arbeiten aus dem akteurszentrierten Ansatz wider. Dass also Bürger*innen zwar Solidarität gewähren und dieser positiv gegenüberstehen, aber sobald es sich um konkrete politische Maßnahmen in Krisenzeiten handelt, dann nur noch unter bestimmten Bedingungen geholfen werden soll.

katholischen Soziallehre und religiösen Vorstellungen der Nächstenliebe und des Altruismus liegen. Die sozialdemokratischen Parteien jedoch eher von der Entstehung der Arbeiter*innenbewegung im 19. Jahrhundert sowie marxistischen Ideen zur Klassenstruktur und dem Grundkonflikt aus Arbeit und Kapital ihr Solidaritätsverständnis ableiten. Diese Grundlagen haben sich für beide Parteienfamilien durch kontextuelle Veränderungen wie eine veränderte Sozialstruktur, eine stärkere Individualisierung in europäischen Gesellschaften, dem Aufkommen neuer Parteien sowie die ökonomische Globalisierung verändert, was sich auch auf das Solidaritätsverständnis und dessen Relevanz in diesen Parteien auswirkt (z. B. auch im Verständnis der institutionalisierten Solidarität im Wohlfahrtsstaat) (Stjernø 2009).Thijssen und Verheyen (2020) haben jüngst gezeigt, dass besonders durch diese strukturellen Transformationen sich eine neue gesellschaftliche und politische Konfliktlinie um Solidarität herausbildet, die die parteipolitische Programmatik aller Parteien strukturiert. Solidarität wird damit nicht mehr nur exklusiv von Akteuren im linken politischen Spektrum geäußert, sondern in verschiedenen Formen auch von allen anderen Parteigruppierungen.

Interessanterweise haben Studien gezeigt, dass es die konservativen Parteien und hierbei vor allem CDU und CSU waren, die die Solidaritätsdiskurse in Deutschland in der Eurokrise und europäischen Migrationskrise maßgeblich beeinflusst haben. Zu beachten gilt hierbei, dass die CDU/CSU auch die stärkste Fraktion in der Regierungskoalition gestellt hat und mit der Bundeskanzlerin Angela Merkel, dem damaligen Finanzminister Wolfgang Schäuble sowie dem damaligen Innenminister Hans-Peter Friedrich auch die wichtigsten Regierungsmitglieder in beiden Krisenzeiten gestellt haben (Wallaschek 2020a, c). Hobbach (2019) demonstriert, dass der deutsche und französische Solidaritätsdiskurs im Parlament während der Eurokrise einer gewissen Links-Rechts-Positionierung folgt, indem Parteien im linken Spektrum mehr Aussagen zur europäischen Solidarität tätigen als rechte Parteien.[8] Die starke Präsenz von Regierungsakteuren im öffentlichen Diskurs hat begünstigt, dass die konservativen Parteien so präsent waren. In einer Studie, die das Framing von Solidarität in der Eurokrise in Irland und Deutschland untersucht, wurde zudem dargelegt, dass deutsche Regierungsvertreter*innen nicht nur den deutschen Solidaritätsdiskurs

[8]Interessanterweise tätigen, so Hobbach (2019), französische Parteien im rechten Spektrum mehr Solidaritätsaussagen als deutsche Parteien im linken Spektrum in der Eurokrise. Die nationalen politischen Kulturen scheinen also die Nutzung von Solidarität im politisch-diskursiven Sprachgebrauch zu beeinflussen.

stark mitbestimmen, sondern auch im irischen Mediendiskurs zentrale Diskursposition einnehmen – andersherum jedoch irische Politiker*innen nicht im deutschen Diskurs präsent sind. Das Verhältnis aus Kreditgeber- und Kreditnehmerstaaten in der Eurokrise im Spezifischen und die generelle Betroffenheit eines Landes in der Krise scheint die Solidaritätsdiskurse stark zu beeinflussen (Wallaschek 2020a).

2.4 Vergleich der drei Ansätze

Nachdem die drei Ansätze vorgestellt und ihr jeweiliger Blick auf Solidarität genauer diskutiert wurde, fasst der vorliegende Abschnitt diese zusammen und diskutiert die Stärken und Schwächen. Die Tabelle (Tab. 2.1) fasst die drei Ansätze in der empirischen Solidaritätsforschung im Hinblick auf ihre Ziele, Datenmaterial und Fragestellung noch einmal zusammen.

Tab. 2.1 Drei Perspektiven auf Solidarität

Perspektive	Ziel	Daten	Fragestellung
Struktur	Erklärung von Solidarität durch strukturelle Aspekte	Makrostrukturelle Daten zu Institutionen des Wohlfahrtsstaates sowie juridische Texte (Vertragstexte, Verordnungen, Richtlinien der EU)	Inwiefern befördern institutionelle Arrangements die (soziale) Solidarität? Wie wird Solidarität durch bestimmte institutionelle Strukturen gefördert?
Akteur	Erklärung von Solidarität durch akteurszentrierte Aspekte	Mikro-Daten zu Einstellungen und Verhalten von Personen und Gruppen	Inwiefern wird Solidarität durch Verhalten und Einstellungen von Personen und Gruppen ausgedrückt? Unter welchen Umständen zeigen Personen und Gruppen Solidarität?
Diskurs	Erklärung von Solidarität durch diskursive Aspekte	Textliche Daten in Form von Reden, Schriften und Aufzeichnungen	Wie wird Solidarität diskursiv konstruiert? Inwiefern beeinflussen Diskurse Solidaritätsvorstellungen?

Quelle: Eigene Darstellung

Alle drei Ansätze sind demnach komplementär zueinander, weil sie unterschiedliches Datenmaterial nutzen, um einerseits den Status von Solidarität in den drei Sphären (Struktur, Akteur, Diskurs) näher zu beleuchten und andererseits unterschiedliche Erklärungen für das Auftreten oder Fehlen von Solidarität geben. Der struktur-zentrierte Ansatz nutzt Makro-Daten zu Wohlfahrtsstaaten (in der OECD) sowie rechtliche Texte, um Solidarität näher zu beleuchten. Dabei werden Unterschiede in der institutionalisierten Solidarität untersucht oder unterschiedliche Interpretationen über das Rechtsprinzip Solidarität und deren Auslegung durch rechtliche Akteure analysiert. Im akteurs-zentrierten Ansatz geht es zum einen um die Untersuchung von Einstellungen, die durch Umfragen und Experimente zum solidarischen Verhalten von Individuen durchgeführt werden. Zum anderen werden Protest- und Bewegungsformen analysiert, um Mobilisierungsdynamiken und Typen solidarischer Aktionen genauer zu betrachten. Der diskurs-zentrierte Ansatz wiederum widmet sich Texten und hierbei vor allem Medientexten in der öffentlichen Debatte. Wie sich bereits in den einzelnen Abschnitten zu den Ansätzen angedeutet hat, gibt es vor allem zwischen den erstgenannten Ansätzen Überschneidungspunkte. So werden vielfach nicht nur die strukturellen Aspekte im sozialpolitischen Bereich untersucht, sondern auch wie die Akzeptanz und die Unterstützung der Bürger*innen für diese strukturellen Aspekte ausschaut. Das heißt, sollen die strukturellen Merkmale erklärt werden oder die Einstellungen und das Verhalten erklärt werden.

Wie in der Einleitung argumentiert, ist das Ziel dieser Einführung einen systematischen Überblick über die empirische Solidaritätsforschung zu geben und dabei auch die Stärken und Schwächen der jeweiligen Ansätze zu besprechen. Es geht nicht darum, einen der Ansätze als besten oder fehlerfreien Ansatz zu präsentieren, sondern den bestehenden Pluralismus in der Solidaritätsforschung genauer überblicken zu können. Je nach Forschungsinteresse und Fragestellung sollte die Entscheidung, wie Solidarität untersucht werden soll, getroffen werden. Tabelle zwei soll erste Anregungen schaffen, welche Forschungsimplikationen die Wahl einer der drei Ansätze hat (Tab. 2.2).

Die struktur- und akteurs-zentrierten Ansätze sind etablierte Perspektiven, die eine reichhaltige Forschungsliteratur aufweisen. Die bestehenden Studien ermöglichen eine gute Orientierung, um zu diesen beiden Ansätzen beizutragen. Dahingehend gibt es auch eine reiche Datenbasis an makrostrukturellen Statistiken sowie Umfragen, die für Forschungsarbeiten zu Solidarität herangezogen werden können. Dieses Material erlaubt auch eine stärker vergleichende Perspektive, um Unterschiede zwischen Nationalstaaten oder verschiedenen sozialen Gruppen im Nationalstaat genauer zu untersuchen. Damit lassen sich Solidaritätsbefunde besser kontextualisieren und sowohl Gemeinsamkeiten als auch Unterschiede

Tab. 2.2 Stärken und Schwächen der drei Ansätze

	Struktur-zentrierte Ansätze	Akteur-zentrierte Ansätze	Diskurs-zentrierte Ansätze
Stärken	+ etablierte Forschungstradition + vergleichende Perspektive + relativ einheitliches Solidaritätsverständnis als Umverteilungs-mechanismus	+ etablierte Forschungstradition + vergleichende Perspektive + Untersuchung von Einstellungen und Verhalten	+ offene Konzeption von Solidarität + viel Forschungs-potenzial, da noch wenig untersucht
Schwächen	– enge güterorientierte Umverteilungsdefinition von Solidarität – teils methodologischer Nationalismus – starker OECD- und Europa-Zentrismus in der Forschung	– starker OECD- und Europa-Zentrismus in der Forschung – teils methodo-logischer Nationalis-mus	– starke Fokussierung auf Krisendiskurse – Datenanalyse häufig auf klassische Medien zentriert

Quelle. Eigene Darstellung

herausstellen. Eine weitere Stärke im struktur-zentrierten Ansatz ist zudem, dass das Solidaritätsverständnis besonders von einer (Um-)Verteilungsperspektive geprägt ist. Eine faire Güterverteilung und ein Zugang zu diesen durch Solidaritätsmechanismen stehen im Fokus dieses Ansatzes. Dadurch sind die Ergebnisse – trotz aller Divergenzen in den Forschungsdesigns und den einzelnen Befunden – vergleichbarer und erlauben weitere Rückschlüsse. Der akteurs-zentrierte Ansatz untersucht sowohl die Einstellungs- als auch Verhaltensdimension von Individuen und kollektiven Akteuren und zeigt damit auf, dass Solidarität an gewisse Dispositionen und Handlungen geknüpft ist. Gerade in jüngster Zeit sind Studien erschienen, die beides, die Einstellungen und das Verhalten, untersuchen, um deren Verschränkung oder Lücken genauer zu beleuchten und zu erklären (Lahusen, 2020). Der diskurs-zentrierte Ansatz befürwortet eine offene Konzeption von Solidarität und kann damit verschiedene Solidaritätsformen in den Blick nehmen – je nachdem welches Forschungsinteresse die Diskursanalyse zu Solidarität anleitet. Da der Ansatz zudem noch recht jung ist, bietet der Ansatz noch viel Forschungspotential und hat sich in Ausrichtung, Konzeption und Forschungsdesign bei weitem noch nicht konsolidiert, wodurch noch viel Innovationspotential in diesem Ansatz besteht.

Die Schwächen der drei Ansätze ergeben sich implizit aus deren Stärken. Die Umverteilungsperspektive auf Solidarität schafft ein recht enges Verständnis von Solidarität und blendet damit weitere Aspekte von Solidarität aus, die die anderen beiden Ansätze erfassen (können). Die gesicherte Datenbasis im struktur- und akteurs-zentrierten Ansatz schafft einen starken Forschungszuschnitt auf die OECD-Staaten und besonders auf europäische Staaten während andere Weltregionen und nicht-europäische Staaten im Hinblick auf Solidarität bisher nur wenig erforscht sind. Zuletzt sei noch angemerkt, dass beide Ansätze weiterhin einen impliziten methodologischen Nationalismus folgen und aus verschiedenen Gründen Nationalstaaten als (wenig hinterfragte) Untersuchungseinheiten nutzen. Nichtsdestoweniger wird diese Herangehensweise zunehmend reflektiert und auf transnationale Prozesse fokussiert – wobei sich dies v. a. für den europäischen Sozialraum und Formen der Europäisierung gilt.[9] Die Schwächen des diskurs-zentrierten Ansatzes ergeben sich aus der Entstehung im Kontext der europäischen Krisen und eine Analyse der Krisendiskurse unter besonderer Berücksichtigung von Solidarität. Dieser Fokus ist noch zu eng und fußt sehr stark auf der Annahme, dass Krisen und Solidaritätsaussagen notwendig zusammenhängen. Außerdem haben die bisherigen Studien sich auf die Analysen von klassischen nationalen Printmedien sowie Parlamentsdebatten gestützt, womit das Datenrepertoire bisher wenig ausgeschöpft wurde. Mit einer Erweiterung des Datenmaterials lassen sich gesichertere Aussagen über Formen und Dynamiken von Solidaritätsdiskursen treffen.

[9]Das ist kein Plädoyer für einen methodologischen Transnationalismus, sondern die Aufforderung, die Methodologie am Forschungsinteresse auszurichten und die jeweiligen Grenzen zu reflektieren.

Fazit 3

Der vorliegende Text hat in die empirische Solidaritätsforschung eingeführt und drei verschiedene Ansätze vorgestellt, wie Solidarität untersucht wird. Es wurde zwischen struktur-zentrierten, akteurs-zentrierten und diskurs-zentrierten Ansätzen unterschieden. Während ersterer Institutionen und Regelungsmechanismen zur Schaffung von Solidarität untersucht, richtet sich im zweiten Ansatz der Blick auf Solidarität, die durch individuelle Einstellungen und das Verhalten kollektiver Akteure ausgedrückt wird. Letzterer analysiert die Kommunikation über und die diskursiven Prozesse zur Konstruktion von Solidarität in öffentlichen Diskussionen und Debatten. Anhand einer umfangreichen Literaturschau wurden die zentralen Ergebnisse der jeweiligen Ansätze vorgestellt und diskutiert.

Besonders hervorzuheben ist, dass Studien Solidarität als ein komplexes und mehrdimensionales Phänomen betrachten, welches sich nicht einfach auf einen Aspekt oder eine Dimension reduzieren lässt (Gerhards et al. 2020; Lahusen 2020). Damit gewinnt der Begriff der Solidarität an analytischer Schärfe und wird für diverse sozialwissenschaftliche Stränge zum Anknüpfungspunkt.

Zudem scheinen Krisen die zentralen Auslöser für die Beschäftigung mit Solidarität zu sein. Bereits Hondrich und Koch-Arzberger (1992) haben festgehalten, dass sofern man sich einer Gefahr gegenüber sieht, nach gegenseitiger Hilfe gerufen wird, welche dann als Initialmomente für Solidarität angesehen werden können. Krisen können demnach unterschiedlich gelagert sein. Seien es z. B. eher plötzliche Ereignisse wie Naturkatastrophen oder Terroranschläge oder eher länger anhaltende Widrigkeiten wie die Eurokrise oder die gegenwärtige COVID-19-Pandemie. Diese Krisen können dabei global sein, wie die COVID-19-Pandemie, aber ebenso starke lokale oder regionale Effekte haben wie z. B. Terroranschläge, die eine internationale Wirkung entfalten. Nichtsdestoweniger ist bisher wenig erforscht, wie Krisen strukturiert sein müssen, um

S. Wallaschek, *Empirische Solidaritätsforschung*, essentials,
https://doi.org/10.1007/978-3-658-32122-2_3

Solidaritätsdiskussionen, -einstellungen und -verhalten hervorzurufen und zu beeinflussen und inwiefern weitere Bedingungen eine Rolle spielen (Koos 2019; Wallaschek 2019a; Wallaschek et al. 2020).

Fünf Themenkomplexe erscheinen vielversprechend für die weitere empirische Solidaritätsforschung. *Erstens* ist das der Zusammenhang aus Solidarisierung und Entsolidarisierung. Während die bisherige Forschung das Bestehen und Verändern von Solidarität analysiert hat, lässt sich umgekehrt die Frage nach der Entsolidarisierung stellen. Inwiefern nehmen solidarische Einstellungen, solidarische Institutionen oder Solidaritätsdiskurse ab und durch welche Merkmale wird dies beeinflusst? Nimmt mit dem Ende einer Krise auch das Maß an Solidarität wieder ab, weil die unmittelbare Hilfe und Unterstützung als nicht mehr notwendig erachtet wird. Oder stabilisieren, vielleicht gar institutionalisieren sich neue Solidaritäten, und verändern sich alte Solidaritätsstrukturen? Es sollte zukünftig ein genauerer Blick auf den Zusammenhang aus Krise und Solidarität geworfen werden, um Langzeiteffekte in Prozessen der Solidarisierung und Entsolidarisierung zu untersuchen.

Zweitens ist es notwendig, den Blick über EUropa und die OECD-Staaten hinauszuwerfen. Dies gilt für alle drei Ansätze in der Solidaritätsforschung. Hier sollte die Forschung untersuchen, welche institutionellen Arrangements jenseits der europäischen Wohlfahrtsstaatsregime als solidarisch betrachtet werden und wie sich diese verändern und schließlich inwiefern sich Solidaritätsdiskurse auch in anderen Ländern identifizieren lassen. Die Solidaritätsforschung hat wertvolle Ergebnisse für die genannten politisch-geographischen Kontexte gezeigt, aber um nicht nur einem methodologischen Eurozentrismus zu folgen, ist eine Ausweitung sinnvoll (z. B. Meuleman 2019). Damit kann die vergleichende Perspektive der Solidaritätsforschung – besonders im Bereich der diskurs-zentrierten Ansätze – gestärkt werden, weil so auch untersucht werden kann, wie unterschiedliche Kontextbedingungen Solidaritätsdiskurse beeinflussen und verschiedene Solidaritätsverständnisse in ähnlichen Kontexten auftreten (oder nicht).

Drittens sind Fragen der Digitalität und der sozialen Medien im Bereich der Solidaritätsforschung bisher wenig behandelt wurden. Protestbewegungen nutzen immer stärker soziale Medien und dies gilt ebenso für Bürger*innen, Journalist*innen, Politiker*innen und Expert*innen, die am öffentlichen Diskurs teilnehmen und ihre Solidaritätsvorstellungen äußern. Gleichzeitig finden populistische Parolen und *hate speech* vermehrt in sozialen Medien statt, welche Anzeichen einer Entsolidarisierung darstellen können. Dagegen zeigen Trenz et al. (2020), dass der Online-Diskurs Anzeichen von Polarisierung aufweist, jedoch weniger ablehnend und negativ als zumeist angenommen. Dieser Bereich bietet sowohl neue Fragen als auch bisher unerforschtes Datenmaterial, der besonders für den diskurs-zentrierten Ansatz eine wichtige Quelle für zukünftige Forschung ist. Nichtsdestoweniger ließe sich die Untersuchung von Online-Diskursen mit Umfragen unter Nutzer*innen von Online-Medien verknüpfen oder es ließe sich fragen, inwiefern Online-Solidaritätsdiskurse Effekte auf politische Entscheidungsprozesse im sozialpolitischen Bereich haben.[1]

Viertens würde es sich lohnen historische Studien zu Krise und Solidarität durchzuführen, um zu erfahren, wie frühere Krisen auf Solidarität (in Struktur, Einstellung und Verhalten sowie im Diskurs) eingewirkt haben und inwiefern sich Veränderungen ergeben haben. Gerade die Erfahrung aus früheren Krisen und erfolgreichen oder missglückten Mobilisierungen von Solidarität können dazu beitragen, ein tieferes Verständnis für Solidaritätsmechanismen zu erhalten. Wann sind Protestbewegungen in ihren Solidaritätsaktionen erfolgreich und wie waren die Krisen strukturiert? Eine stärkere historisch-vergleichende Herangehensweise kann die Analysen der gegenwärtigen Krisenphänomene ergänzen und kontextualisieren.

Fünftens und letztens sollte die Solidaritätsforschung über einen möglichen *positive selection bias* reflektieren. D. h., werden Untersuchungsgegenstände vor allem ausgewählt, weil Solidarität in gewisser Weise vorliegt und demzufolge die Frage, ob Solidarität besteht oder nicht, aus dem Blick gerät? Zahlreiche Studien starten mit einer Krisensituation, die genauer analysiert werden soll und verweisen auf die öffentliche Prominenz und gesellschaftliche Wichtigkeit von Solidarität. Damit schaffen viele Studien in der Solidaritätsforschung ein besseres Verständnis für den Gegenstand. Kann aber auch erklärt werden, wann und unter welchen Umständen Solidarität nicht vorliegt, wann es nicht zur Mobilisierung kommt, wann Befragte sich nicht solidarisch verhalten und wann öffentliche Debatten Solidarität nicht beinhalten, obwohl es eigentlich zu erwarten wäre?

Das Feld der empirischen Solidaritätsforschung ist in jüngster Zeit erheblich angewachsen und hat viele wertvolle konzeptionelle und empirische Ergebnisse geliefert. Unbestreitbar gehört Solidarität zu den zentralen Begriffen der Gegenwart, die auch weiterhin Konflikte hervorrufen. Während die vergangenen Krisen das Interesse an Solidarität geweckt haben, sind es nun die jüngsten Krisen wie die globale COVID-19-Pandemie, die das öffentliche und akademische

[1]Die Forschungsprojekte Discourse Data 4 Policy (DD4P) (https://diid.hhu.de/projekte/discoursedata4policy-dd4p/), SAFE-19 (https://www.gesundheitsforschung-bmbf.de/de/safe-19-solidaritat-in-der-abwagung-zwischen-freiheitseinschrankung-und-wirtschaftlichem-12238.php) sowie SOLDISK (https://www.uni-hildesheim.de/soldisk/) widmen sich gegenwärtig diesem Aspekt der Solidaritätsforschung.

Interesse an Solidarität hochhalten. Zu wünschen wäre, dass neben der gesellschaftspolitischen Relevanz, die die Erforschung von Solidarität ohne Frage hat, es auch dazu beiträgt, dass sich das Feld der empirischen Solidaritätsforschung konsolidiert und sich weiter in den Sozialwissenschaften etabliert.

Was Sie aus diesem *essential* mitnehmen können:

- Das Feld der empirischen Solidaritätsforschung ist ein in jüngster Zeit schnell wachsender Themenkomplex in den Sozialwissenschaften
- Die empirische Untersuchung von Solidarität lässt sich in drei Ansätze unterteilen: struktur-zentriert, akteurs-zentriert und diskurs-zentriert
- Jede der drei Ansätze weist Vor- und Nachteile auf, die es bei der Entscheidung des Forschungsinteresses und der Forschungsfrage zu Solidarität zu berücksichtigen gilt
- Die empirische Solidaritätsforschung weist viele Potentiale und vielversprechende Möglichkeiten für zukünftige Forschung auf

S. Wallaschek, *Empirische Solidaritätsforschung*, essentials,
https://doi.org/10.1007/978-3-658-32122-2

Literatur

Angermuller, J. (2014). Einleitung. In J. Angermuller, M. Nonhoff, E. Herschinger, F. Macgilchrist, M. Reisigl, J. Wedl, D. Wrana, & A. Ziem (Hrsg.), *Diskursforschung. Ein interdisziplinäres Handbuch* (S. 16–36). transcript. https://www.degruyter.com/view/books/transcript.9783839427224/transcript.9783839427224.192/transcript.9783839427224.192.xml

Ataç, I., Kron, S., Schilliger, S., Schwiertz, H., & Stierl, M. (2015). Kämpfe der Migration als Un-/Sichtbare Politiken. Einleitung zur zweiten Ausgabe. *movements. Journal für kritische Migrations- und Grenzregimeforschung*, *1*(2), 1–18.

Baldwin, P. (1990). *The politics of social solidarity. Class bases of the European welfare state, 1875–1975*. Cambridge University Press.

Ban, K. (2016). *Refugees and Migrants: A Crisis of Solidarity*. https://www.un.org/sg/en/content/sg/articles/2016-05-09/refugees-and-migrants-crisis-solidarity

Banting, K. G., & Kymlicka, W. (Hrsg.). (2017). *The strains of commitment: The political sources of solidarity in diverse societies*. Oxford University Press.

Bast, J. (2014). Solidarität im europäischen Einwanderungs- und Asylrecht. In S. Kadelbach (Hrsg.), *Solidarität als Europäisches Rechtsprinzip?* (S. 19–32). Nomos.

Bauböck, R. (2018). Refugee protection and burden-sharing in the European Union. *JCMS: Journal of Common Market Studies*, *56*(1), 141–156. https://doi.org/10.1111/jcms.12638

Baute, S., Abts, K., & Meuleman, B. (2019). Public support for European solidarity: Between euroscepticism and EU agenda preferences? *JCMS: Journal of Common Market Studies*, *57*(3), 533–550. https://doi.org/10.1111/jcms.12833

Bayertz, K. (1998a). Begriff und Problem der Solidarität. In K. Bayertz (Hrsg.), *Solidarität: Begriff und Problem* (S. 11–53). Suhrkamp.

Bayertz, K. (Hrsg.). (1998b). *Solidarität: Begriff und Problem*. Suhrkamp.

Bechtel, M. M., Hainmueller, J., & Margalit, Y. (2014). Preferences for international redistribution: The divide over the Eurozone bailouts. *American Journal of Political Science*, *58*(4), 835–856. https://doi.org/10.1111/ajps.12079

Berger, J. (Hrsg.). (2005). *Zerreisst das soziale Band? Beiträge zu einer aktuellen gesellschaftspolitischen Debatte*. Campus.

S. Wallaschek, *Empirische Solidaritätsforschung*, essentials, https://doi.org/10.1007/978-3-658-32122-2

Bieber, R. (2013). Gegenseitige Verantwortung – Grundlage des Verfassungsprinzips der Solidarität in der Europäischen Union. In C. Calliess (Hrsg.), *Europäische Solidarität und nationale Identität: Überlegungen im Kontext der Krise im Euroraum* (S. 67–82). Mohr Siebeck.

Boräng, F. (2015). Large-scale solidarity? Effects of welfare state institutions on the admission of forced migrants. *European Journal of Political Research*, *54*(2), 216–231. https://doi.org/10.1111/1475-6765.12075

Börner, S. (2013). *Belonging, solidarity and expansion in social policy*. Palgrave Macmillan.

Brändle, V. K., Eisele, O., & Trenz, H.-J. (2019). Contesting European Solidarity During the "Refugee Crisis": A Comparative Investigation of Media Claims in Denmark, Germany, Greece and Italy. *Mass Communication and Society*, *22*(6), 708–732. https://doi.org/10.1080/15205436.2019.1674877

Brunkhorst, H. (2002). *Solidarität: Von der Bürgerfreundschaft zur globalen Rechtsgenossenschaft*. Suhrkamp.

Bude, H. (2019). *Solidarität: Die Zukunft einer grossen Idee*. Carl Hanser Verlag.

Carlsen, H. B., Ralund, S., & Toubøl, J. (2020). The Solidary Relationship's Consequences for the Ebb and Flow of Activism: Collaborative Evidence from Life-History Interviews and Social Media Event Analysis. *Sociological Forum*, 35(3), 696–720. https://doi.org/10.1111/socf.12624

Cinalli, M., Eisele, O., Brändle, V. K., & Trenz, H.-J. (2020). Solidarity contestation in the public domain during the 'refugee crisis'. In C. Lahusen (Hrsg.), *Citizens' solidarity in europe: Civic engagement and public discourse in times of crises* (S. 120–148). Edward Elgar Publishing.

Ciornei, I., & Recchi, E. (2017). At the source of European solidarity: Assessing the effects of cross-border practices and political attitudes. *JCMS: Journal of Common Market Studies*, *55*(3), 468–485. https://doi.org/10.1111/jcms.12507

Closa, C., & Maatsch, A. (2014). In a spirit of solidarity? Justifying the European Financial Stability Facility (EFSF) in national parliamentary debates. *JCMS: Journal of Common Market Studies*, *52*(4), 826–842. https://doi.org/10.1111/jcms.12119

Corsten, M. (2011). *Grundfragen der Soziologie*. UVK-Verl.-Ges.

De Wilde, P., Koopmans, R., Merkel, W., Strijbs, O., & Zürn, M. (Hrsg.). (2019). *The struggle over borders: Cosmopolitanism and communitarianism*. Cambridge University Press.

Della Porta, D. (Hrsg.). (2018). *Solidarity mobilizations in the 'refugee crisis': Contentious moves*. Palgrave Macmillan.

Donnelly, M. J. (2016). Competition and solidarity: Union members and immigration in Europe. *West European Politics*, *39*(4), 688–709. https://doi.org/10.1080/01402382.2015.1110941

Durkheim, É. (2012). *Über soziale Arbeitsteilung: Studie über die Organisation höherer Gesellschaften* (6. Auflage). Suhrkamp.

Engler, M. (2016). *Zur Entstehung europäischer Solidarität. Eine soziologische Analyse der Gewerkschaften bei Airbus im Konflikt*. Springer. https://doi.org/10.1007/978-3-658-11805-1

Entman, R. M. (1993). Framing: Toward clarification of a fractured paradigm. *Journal of Communication*, *43*(4), 51–58. https://doi.org/10.1111/j.1460-2466.1993.tb01304.x

Europäische Union. (2008). *Konsolidierte Fassung des Vertrags über die Europäische Union*. https://eur-lex.europa.eu/legal-content/DE/TXT/HTML/?uri=CELEX:12008M/TXT&from=ES

Europäische Union. (2009). *Vertrag von Lissabon zur Änderung des Vertrags über die Europäische Union und des Vertrags zur Gründung der Europäischen Gemeinschaft*, unterzeichnet in Lissabon am 13. Dezember 2007. https://eur-lex.europa.eu/legal-content/DE/ALL/?uri=OJ:C:2007:306:TOC.

Europäische Union. (2012). *Charta der Grundrechte der Europäischen Union*. https://eur-lex.europa.eu/eli/treaty/char_2012/oj

Ewald, F. (1993). *Der Vorsorgestaat*. Suhrkamp.

Farahat, A. (2019). Konflikte um Solidarität und Inklusion vor dem EuGH: Zum Bedeutungswandel der Unionsbürgerschaft. In M. Eigmüller & N. Tietze (Hrsg.), *Ungleichheitskonflikte in Europa* (S. 233–262). Springer. https://doi.org/10.1007/978-3-658-22245-1

Featherstone, D. (2012). *Solidarity: Hidden histories and geographies of internationalism*. Zed Books.

Ferrera, M. (2006). *The boundaries of welfare: European integration and the new spatial politics of social protection* (Reprint). Oxford University Press.

Ferrera, M. (2017). The Stein Rokkan Lecture 2016 Mission impossible? Reconciling economic and social Europe after the euro crisis and Brexit. *European Journal of Political Research*, *56*(1), 3–22. https://doi.org/10.1111/1475-6765.12185

Ferrera, M., & Burelli, C. (2019). Cross-national solidarity and political sustainability in the EU after the crisis. *JCMS: Journal of Common Market Studies*, *57*(1), 94–110. https://doi.org/10.1111/jcms.12812

Forno, F., & Graziano, P. (2019). From global to glocal. Sustainable Community Movement Organisations (SCMOs) in times of crisis. *European Societies*, *21*(5), 729–752. https://doi.org/10.1080/14616696.2019.1616793

Frankfurt, H. (1987). Equality as a moral ideal. *Ethics*, *98*(1), 21–43.

Gajewska, K. (2009). *Transnational labour solidarity: Mechanisms of commitment to cooperation within the European trade union movement*. Routledge.

Galpin, C. (2017). *The Euro crisis and European identities: Political and media discourse in Germany, Ireland and Poland*. Palgrave Macmillan.

García Agustín, Ó., & Jørgensen, M. B. (Hrsg.). (2016). *Solidarity without borders: Gramscian perspectives on migration and civil society alliances*. Pluto Press.

Gelissen, J. (2000). Popular support for institutionalised solidarity: A comparison between European welfare states. *International Journal of Social Welfare*, *9*(4), 285–300. https://doi.org/10.1111/1468-2397.00140

Gerhards, J., Lengfeld, H., & Häuberer, J. (2016). Do European citizens support the idea of a European welfare state? Evidence from a comparative survey conducted in three EU member states. *International Sociology*, *31*(6), 677–700. https://doi.org/10.1177/0268580916662385

Gerhards, J., Lengfeld, H., Ignácz, Z. S., Kley, F. K., & Priem, M. (2020). *European solidarity in times of crisis: Insights from a thirteen-country survey*. Routledge.

Gómez Garrido, M., Carbonero Gamundí, M. A., & Viladrich, A. (2019). The role of grassroots food banks in building political solidarity with vulnerable people. *European Societies*, *21*(5), 753–773. https://doi.org/10.1080/14616696.2018.1518537

Gouldner, A. W. (1960). The norm of reciprocity: A preliminary statement. *American Sociological Review*, *25*(2), 161–178.

Grasso, M. T., & Lahusen, C. (2019). European solidarity at a crossroads? Citizens' attitudes and political behaviors in Europe. *American Behavioral Scientist*, *63*(4), 423–429. https://doi.org/10.1177/0002764218823846

Greshoff, R. (2015). Struktur. In S. Farzin & S. Jordan (Hrsg.), *Lexikon Soziologie und Sozialtheorie: Hundert Grundbegriffe* (S. 284–287). Reclam.

Grimmel, A. (2020). "Le Grand absent Européen": Solidarity in the politics of European integration. *Acta Politica*. https://doi.org/10.1057/s41269-020-00171-7.

Grimmel, A., & Giang, S. M. (Hrsg.). (2017). *Solidarity in the European Union A fundamental value in crisis*. Springer. https://www.springerlink.com/content/978-3-319-57036-5

Groß, T. (2017). Wie solidarisch ist das europäische Asylrecht? *Zeitschrift für Flüchtlingsforschung*, *1*(1), 72–87. https://doi.org/10.5771/2509-9485-2017-1-72

Habermas, J. (2013). Im Sog der Technokratie. Ein Plädoyer für europäische Solidarität. In J. Habermas (Hrsg.), *Im Sog der Technokratie* (S. 82–111). Suhrkamp.

Hamann, U., & Karakayali, S. (2016). Practicing Willkommenskultur: Migration and solidarity in Germany. *Intersections. East European Journal of Society and Politics*, *2*(4), 69–86.

Heimann, C., Müller, S., Schammann, H., & Stürner, J. (2019). Challenging the nation-state from within: The emergence of transmunicipal solidarity in the course of the EU refugee controversy. *Social Inclusion*, *7*(2), 208–218. https://doi.org/10.17645/si.v7i2.1994

Heindl, A., & Stüber, K.-S. (2019). Die Pluralität von Solidaritäten und Formen der Kritik. *Sozialwissenschaftliche Rundschau*, *59*(4), 352–370.

Heindlmaier, A. (2020). 'Social Citizenship' at the Street Level? EU Member State Administrations Setting a Firewall. *JCMS: Journal of Common Market Studies*, 58(5), 1252–1269. https://doi.org/10.1111/jcms.13028

Hermes, G. (2014). Die Solidarklausel in der europäischen Energiepolitik. In S. Kadelbach (Hrsg.), *Solidarität als Europäisches Rechtsprinzip?* (S. 59–75). Nomos.

Hjorth, F. (2016). Who benefits? Welfare chauvinism and national stereotypes. *European Union Politics*, *17*(1), 3–24. https://doi.org/10.1177/1465116515607371

Hobbach, R. (2019). *European solidarity? Analysing debates on redistributive EU policies in France and Germany* [Unveröffentliche Dissertation]. Ludwig-Maximilians-Universität München.

Hofmann, J., Altreiter, C., Flecker, J., Schindler, S., & Simsa, R. (2019). Symbolic struggles over solidarity in times of crisis: Trade unions, civil society actors and the political far right in Austria. *European Societies*, *21*(5), 649–671. https://doi.org/10.1080/14616696.2019.1616790

Hondrich, K. O., & Koch-Arzberger, C. (1992). *Solidarität in der modernen Gesellschaft*. Fischer.

Hutter, S., Grande, E., & Kriesi, H. (Hrsg.). (2016). *Politicising Europe: Integration and mass politics*. Cambridge University Press.

Ibsen, C. L., & Thelen, K. (2017). Diverging solidarity. Labor strategies in the new knowledge economy. *World Politics*, *69*(3), 409–447. https://doi.org/10.1017/S0043887117000077

Jeffries, F., & Ridgley, J. (2020). Building the sanctuary city from the ground up: Abolitionist solidarity and transformative reform. *Citizenship Studies*, *24*(4), 548–567. https://doi.org/10.1080/13621025.2020.1755177

Kadelbach, S. (Hrsg.). (2014). *Solidarität als Europäisches Rechtsprinzip?* Nomos.

Kaufmann, F.-X. (2002). Sozialpolitik zwischen Gemeinsinn und Solidarität. In H. Münkler & K. Fischer (Hrsg.), *Gemeinwohl und Gemeinsinn: Rhetoriken und Perspektiven sozial-moralischer Orientierung* (S. 19–54). Akad.-Verl.

Keller, R. (2011). *Diskursforschung: Eine Einführung für SozialwissenschaftlerInnen* (4. Auflage). VS Verlag.

Kneuer, M., & Masala, C. (2015). Politische Solidarität: Vermessung eines weiten und unerschlossenen Feldes. In M. Kneuer & C. Masala (Hrsg.), *Solidarität: Politikwissenschaftliche Zugänge zu einem vielschichtigen Begriff* (S. 7–25). Nomos.

Knodt, M., & Piefer, N. (2014). Energiesolidarität im Normdreieck aus Sicherheit, Wettbewerb und Nachhaltigkeit. In M. Knodt & A. Tews (Hrsg.), *Solidarität in der EU* (S. 219–240). Nomos.

Knodt, M., & Tews, A. (Hrsg.). (2014). *Solidarität in der EU*. Nomos.

Kolers, A. H. (2012). Dynamics of solidarity. *Journal of Political Philosophy*, *20*(4), 365–383. https://doi.org/10.1111/j.1467-9760.2010.00391.x

Koos, S. (2019). Crises and the reconfiguration of solidarities in Europe – origins, scope, variations. *European Societies*, *21*(5), 629–648. https://doi.org/10.1080/14616696.2019.1616797

Koos, S., & Seibel, V. (2019). Solidarity with refugees across Europe. A comparative analysis of public support for helping forced migrants. *European Societies*, *21*(5), 704–728. https://doi.org/10.1080/14616696.2019.1616794

Kousis, M., Loukakis, A., Paschou, M., & Lahusen, C. (2020). Waves of transnational solidarity organisations in times of crises: Actions, obstacles and opportunities in Europe. In C. Lahusen (Hrsg.), *Citizens' solidarity in europe: Civic engagement and public discourse in times of crises* (S. 29–54). Edward Elgar Publishing.

Kuhn, T., & Kamm, A. (2019). The national boundaries of solidarity: A survey experiment on solidarity with unemployed people in the European Union. *European Political Science Review*, *11*(2), 179–195. https://doi.org/10.1017/S1755773919000067

Kuhn, T., Solaz, H., & van Elsas, E. J. (2018). Practising what you preach: How cosmopolitanism promotes willingness to redistribute across the European Union. *Journal of European Public Policy*, *25*(12), 1759–1778. https://doi.org/10.1080/13501763.2017.1370005

Kymlicka, W. (2015). Solidarity in diverse societies: Beyond neoliberal multiculturalism and welfare chauvinism. *Comparative Migration Studies*, *3*(1), 17. https://doi.org/10.1186/s40878-015-0017-4

Lahusen, C. (Hrsg.). (2020). *Citizens' solidarity in europe: Civic engagement and public discourse in times of crises*. Edward Elgar Publishing.

Lahusen, C., & Grasso, M. (Hrsg.). (2018a). *Solidarity in Europe: Citizens' responses in times of crisis*. Palgrave Macmillan.

Lahusen, C., & Grasso, M. (2018b). Solidarity in Europe: Comparative assessment and discussion. In C. Lahusen & M. Grasso (Hrsg.), *Solidarity in Europe: Citizens' responses in times of crisis* (S. 253–282). Palgrave Macmillan.

Lahusen, C., Kousis, M., Zschache, U., & Loukakis, A. (2018). European solidarity in times of crisis: Comparing transnational activism of civic organisations in Germany and Greece. *Österreichische Zeitschrift Für Soziologie*, *43*(S1), 173–197. https://doi.org/10.1007/s11614-018-0301-2

Martinsen, D. S., & Vollaard, H. (2014). Implementing social Europe in times of crises: Re-established boundaries of welfare? *West European Politics*, *37*(4), 677–692. https://doi.org/10.1080/01402382.2014.919773

Mau, S. (2005a). Leerstelle europäische Solidarität? In J. Berger (Hrsg.), *Zerreisst das soziale Band? Beiträge zu einer aktuellen gesellschaftspolitischen Debatte* (S. 245–272). Campus.

Mau, S. (2005b). Democratic demand for a social Europe? Preferences of the European citizenry. *International Journal of Social Welfare*, *14*(2), 76–85. https://doi.org/10.1111/j.1369-6866.2005.00344.x

Mau, S., & Burkhardt, C. (2009). Migration and welfare state solidarity in Western Europe. *Journal of European Social Policy*, *19*(3), 213–229. https://doi.org/10.1177/0958928709104737

Meuleman, B. (2019). The economic context of solidarity. Period vs. Cohort differences in support for income redistribution in Britain and the United States. *European Societies*, *21*(5), 774–801. https://doi.org/10.1080/14616696.2019.1616792

Meuleman, B., Baute, S., & Abts, K. (2020). Social Europe: A new integration-demarcation conflict? In I. Van Hoyweghen, V. Pulignano, & G. Meyers (Hrsg.), *Shifting solidarities* (S. 55–89). Springer International Publishing. https://doi.org/10.1007/978-3-030-44062-6

Monforte, P., & Dufour, P. (2013). Comparing the protests of undocumented migrants beyond contexts: Collective actions as acts of emancipation. *European Political Science Review*, *5*(1), 83–104. https://doi.org/10.1017/S1755773912000045

Montgomery, T., Baglioni, S., Biosca, O., & Grasso, M. (2018). Pulling Together or Pulling Apart? Solidarity in the Post-Crisis UK. In C. Lahusen & M. Grasso (Hrsg.), *Solidarity in Europe: Citizens' responses in times of crisis* (S. 73–102). Palgrave Macmillan.

Morgen, S. (2015). Parlamentsvorbehalt und deutsche Bündnissolidarität in der NATO. In M. Kneuer & C. Masala (Hrsg.), *Solidarität: Politikwissenschaftliche Zugänge zu einem vielschichtigen Begriff* (S. 197–228). Nomos.

Münkler, H. (2004). Enzyklopädie der Ideen der Zukunft: Solidarität. In J. Beckert, J. Eckert, M. Kohli, & W. Streeck (Hrsg.), *Transnationale Solidarität: Chancen und Grenzen* (S. 15–28). Campus.

Naczyk, M., & Seeleib-Kaiser, M. (2015). Solidarity against all odds: Trade unions and the privatization of pensions in the age of dualization. *Politics & Society*, *43*(3), 361–384. https://doi.org/10.1177/0032329215584789

NATO. (1949). *Der Nordatlantikvertrag. Washington DC, 4. April 1949. Der Nordatlantikvertrag trat nach Hinterlegung der Ratifikationsurkunden durch alle Unterzeichnerstaaten am 24. August 1949 in Kraft.*https://www.nato.int/cps/en/natohq/official_texts_17120.htm?selectedLocale=de

Nicoli, F., Kuhn, T., & Burgoon, B. (2020). Collective Identities, European Solidarity: Identification Patterns and Preferences for European Social Insurance. *JCMS: Journal of Common Market Studies*, *58*(1), 76–95. https://doi.org/10.1111/jcms.12977

Nonhoff, M. (2011). Diskurs. In G. Göhler, M. Iser, & I. Kerner (Hrsg.), *Politische Theorie: 25 umkämpfte Begriffe zur Einführung* (2., aktualisierte und erw. Auflage) (S. 63–78). VS.

Offe, C. (2004). Pflichten versus Kosten: Typen und Kontexte solidarischen Handelns. In J. Beckert, J. Eckert, M. Kohli, & W. Streeck (Hrsg.), *Transnationale Solidarität: Chancen und Grenzen* (S. 35–50). Campus.

O'Neill, O. (2002). *Towards justice and virtue: A constructive account of practical reasoning*. Cambridge University Press.

Parth, A.-M., Tosun, J., & Weiß, J. (2020). Solidarität mit überschuldeten EU-Mitgliedstaaten und Geflüchteten. Ein Vergleich von Einstellungen in West- und Ostdeutschland. *Informationsdienst Soziale Indikatoren. Sonderausgabe: Veränderung durch Krisen? Solidarität und Entsolidarisierung in Deutschland und Europa*, *65*, 15–21. https://doi.org/10.15464/ISI.65.2020.15-21

Pernicka, S., Glassner, V., & Dittmar, N. (2019). Die Europäisierung lohnpolitischer Koordinierung zwischen Marktwettbewerb und Solidarität. In M. Eigmüller & N. Tietze (Hrsg.), *Ungleichheitskonflikte in Europa* (S. 115–138). Springer. https://doi.org/10.1007/978-3-658-22245-1

Pernicka, S., & Hofmann, J. (2015). Ein soziales Europa? Möglichkeiten und Grenzen transnationaler Solidarität von Gewerkschaften. In M. Kneuer & C. Masala (Hrsg.), *Solidarität: Politikwissenschaftliche Zugänge zu einem vielschichtigen Begriff* (S. 133–162). Nomos.

Ponce, A. (2018). Is Welfare a Magnet for Migration? Examining Universal Welfare Institutions and Migration Flows. *Social Forces*. https://doi.org/10.1093/sf/soy111

Prisching, M. (2003). Solidarität: Der vielschichtige Kitt gesellschaftlichen Zusammenlebens. In S. Lessenich (Hrsg.), *Wohlfahrtsstaatliche Grundbegriffe: Historische und aktuelle Diskurse* (S. 157–190). Campus.

Reeskens, T., & van Oorschot, W. (2012). Disentangling the 'New Liberal Dilemma': On the relation between general welfare redistribution preferences and welfare chauvinism. *International Journal of Comparative Sociology*, *53*(2), 120–139. https://doi.org/10.1177/0020715212451987

Reinl, A.-K. (2020). Euroscepticism in Times of European Crises: The Role of Solidarity. In M. Baldassari, E. Castelli, M. Truffelli, & G. Vezzani (Hrsg.), *Anti-Europeanism* (S. 95–113). Springer International Publishing. https://doi.org/10.1007/978-3-030-24428-6_6

Risse, T. (2010). *A community of Europeans? Transnational identities and public spheres*. Cornell University Press.

Römer, F. (2017). Generous to all or 'insiders only'? The relationship between welfare state generosity and immigrant welfare rights. *Journal of European Social Policy*, *27*(2), 173–196. https://doi.org/10.1177/0958928717696441

Rüger, C. (2014). Solidarität – Ein solides Fundament der Gemeinsamen Außen- und Sicherheitspolitik? In M. Knodt & A. Tews (Hrsg.), *Solidarität in der EU* (S. 241–266). Nomos.

Rygiel, K. (2011). Bordering solidarities: Migrant activism and the politics of movement and camps at Calais. *Citizenship Studies*, *15*(1), 1–19. https://doi.org/10.1080/13621025.2011.534911

Sachweh, P. (2015). Akteur. In S. Farzin & S. Jordan (Hrsg.), *Lexikon Soziologie und Sozialtheorie: Hundert Grundbegriffe* (S. 25–27). Reclam.

Sales, R. (2002). The deserving and the undeserving? Refugees, asylum seekers and welfare in Britain. *Critical Social Policy*, *22*(3), 456–478. https://doi.org/10.1177/026101830202200305

Sangiovanni, A. (2013). Solidarity in the European Union. *Oxford Journal of Legal Studies*, *33*(2), 213–241. https://doi.org/10.1093/ojls/gqs033

Saracino, D. (2018). Solidaritätsbrüche in der europäischen Asylpolitik. *Zeitschrift für Politik*, *65*(3), 283–302. https://doi.org/10.5771/0044-3360-2018-3-283

Scheepers, P., & Grotenhuis, M. T. (2005). Who cares for the poor in Europe? Micro and macro determinants for alleviating poverty in 15 European countries. *European Sociological Review*, *21*(5), 453–465. https://doi.org/10.1093/esr/jci032

Schieder, W. (1972). Brüderlichkeit, Bruderschaft, Brüderschaft, Verbrüderung, Bruderliebe. In O. Brunner, W. Conze, & R. Koselleck (Hrsg.), *Geschichtliche Grundbegriffe. Historisches Lexikon zur politisch-sozialen Sprache in Deutschland: Bd. Band 1, A-D* (S. 552–581). Ernst Klett Verlag.

Schmidt, M. G. (2010). *Wörterbuch zur Politik* (3., überarb. und aktualisierte Auflage). Kröner.

Schmidt, V. A. (2008). Discursive institutionalism: The explanatory power of ideas and discourse. *Annual Review of Political Science*, *11*, 303–326. https://doi.org/10.1146/annurev.polisci.11.060606.135342

Schwiertz, H., & Schwenken, H. (2020). Introduction: Inclusive solidarity and citizenship along migratory routes in Europe and the Americas. *Citizenship Studies*, *24*(4), 405–423. https://doi.org/10.1080/13621025.2020.1755155

Starke, C. (in press). *United in Diversity? The Effects of Media Identity Framing on Individual European Solidarity*. Palgrave Macmillan.

Stjernø, S. (2009). *Solidarity in Europe: The history of an idea* (Reprint). Cambridge University Press.

Taylor, A. E. (2015). Solidarity: Obligations and expressions. *Journal of Political Philosophy*, *23*(2), 128–145. https://doi.org/10.1111/jopp.12035

Thelen, K. (2012). Varieties of Capitalism: Trajectories of Liberalization and the New Politics of Social Solidarity. *Annual Review of Political Science*, *15*, 137–159. https://doi.org/10.1146/annurev-polisci-070110-122959

Thielemann, E. (2014). Burden-Sharing. In E. Jones, A. Menon, & S. Weatherhill (Hrsg.), *The Oxford handbook of the European Union* (S. 810–824). Oxford University Press.

Thijssen, P., & Verheyen, P. (2020). It's All About Solidarity Stupid! How Solidarity Frames Structure the Party Political Sphere. *British Journal of Political Science*, 1–18. https://doi.org/10.1017/S0007123420000137

Thomann, E., & Rapp, C. (2018). Who deserves solidarity? Unequal treatment of immigrants in Swiss welfare policy delivery. *Policy Studies Journal*, *46*(3), 531–552. https://doi.org/10.1111/psj.12225

Thome, H. (1998). Soziologie und Solidarität: Theoretische Perspektiven für die empirische Forschung. In K. Bayertz (Hrsg.), *Solidarität: Begriff und Problem* (S. 217–262). Suhrkamp.

Tosun, J. (2014). Solidarität in der EU-Umweltpolitik. In M. Knodt & A. Tews (Hrsg.), *Solidarität in der EU* (S. 193–218). Nomos.

Trenz, H.-J., Brändle, V. K., Cinalli, M., & Eisele, O. (2020). Taking voice and taking sides: The role of social media commenting in solidarity contestation. In C. Lahusen (Hrsg.), *Citizens' solidarity in europe: Civic engagement and public discourse in times of crises* (S. 149–176). Edward Elgar Publishing.

Trenz, H.-J., & Grasso, M. (2018). Toward a new conditionality of welfare? Reconsidering solidarity in the Danish welfare state. In C. Lahusen & M. Grasso (Hrsg.), *Solidarity in Europe: Citizens' responses in times of crisis* (S. 19–42). Palgrave Macmillan.

Van Der Waal, J., De Koster, W., & Van Oorschot, W. (2013). Three worlds of welfare chauvinism? How welfare regimes affect support for distributing welfare to immigrants in Europe. *Journal of Comparative Policy Analysis: Research and Practice*, *15*(2), 164–181. https://doi.org/10.1080/13876988.2013.785147

van Oorschot, W. (2000). Who should get what, and why? On deservingness criteria and the conditionality of solidarity among the public. *Policy & Politics*, *28*(1), 33–48. https://doi.org/10.1332/0305573002500811

van Oorschot, W. (2006). Making the difference in social Europe: Deservingness perceptions among citizens of European welfare states. *Journal of European Social Policy*, *16*(1), 23–42. https://doi.org/10.1177/0958928706059829

Vandevoordt, R., & Verschraegen, G. (2019). The European refugee controversy: Civil solidarity, cultural imaginaries and political change. *Social Inclusion*, *7*(2), 48–52. https://doi.org/10.17645/si.v7i2.2260

Verdun, A., & Zeitlin, J. (2018). Introduction: The European Semester as a new architecture of EU socioeconomic governance in theory and practice. *Journal of European Public Policy*, *25*(2), 137–148. https://doi.org/10.1080/13501763.2017.1363807

Verhaegen, S. (2018). What to expect from European identity? Explaining support for solidarity in times of crisis. *Comparative European Politics*, *16*(5), 871–904. https://doi.org/10.1057/s41295-017-0106-x

Wallaschek, S. (2016). Sammelbesprechung: Krise der Solidarität – Solidarität in der Krise. *Zeitschrift für Vergleichende Politikwissenschaft*, *10*(1), 93–102. https://doi.org/10.1007/s12286-016-0297-6

Wallaschek, S. (2019a). Solidarity in Europe in times of crisis. *Journal of European Integration*, *41*(2), 257–263. https://doi.org/10.1080/07036337.2019.1546980

Wallaschek, S. (2019b). *Mapping solidarity in Europe. Discourse networks in the Euro crisis and Europe's migration crisis* [Universität Bremen]. https://nbn-resolving.de/urn:nbn:de:gbv:46-00107787-17

Wallaschek, S. (2019c). The discursive appeal to solidarity and partisan journalism in Europe's migration crisis. *Social Inclusion*, *7*(2), 187–197. https://doi.org/10.17645/si.v7i2.1963

Wallaschek, S. (2020a). Framing solidarity in the Euro crisis: A comparison of the German and Irish media discourse. *New Political Economy*, *25*(2), 231–247. https://doi.org/10.1080/13563467.2019.1586864

Wallaschek, S. (2020b). The Discursive construction of solidarity: Analysing public claims in Europe's migration crisis. *Political Studies*, *68*(1), 74–92. https://doi.org/10.1177/0032321719831585

Wallaschek, S. (2020c). Contested solidarity in the Euro crisis and Europe's migration crisis: A discourse network analysis. *Journal of European Public Policy*, *27*(7), 1034–1053. https://doi.org/10.1080/13501763.2019.1659844

Wallaschek, S., Starke, C., & Brüning, C. (2020). Solidarity in the public sphere: A discourse network analysis of German newspapers (2008–2017). *Politics and Governance*, *8*(2), 257–271. https://doi.org/10.17645/pag.v8i2.2609

Wonka, A. (2016). The party politics of the Euro crisis in the German Bundestag: Frames, positions and salience. *West European Politics*, *39*(1), 125–144. https://doi.org/10.1080/01402382.2015.1081512